오히려
학교

오히려 학교

2022년 11월 23일 초판 1쇄 발행

글·그림 | 안정선

펴낸이 | 김완중
펴낸곳 | 내일을여는책

인쇄 | 아주프린텍
제책 | 바다제책
책임편집 | 문현경
디자인 | 박정화
관리 | 장수댁

출판등록 | 1993년 01월 06일(등록번호 제475-9301)
주소 | 전라북도 장수군 장수읍 송학로 93-9(19호)
전화 | 063) 353-2289
팩스 | 063) 353-2290
전자우편 | wan-doll@hanmail.net
블로그 | blog.naver.com/dddoll

ISBN | 978-89-7746-989-1 03370

ⓒ 안정선, 2022

어린이제품안전특별법에 의한 제품표시
제조자명 내일을여는책 **제조국명** 대한민국 **사용연령** 만 8세 이상

재생종이로 만든 책

좀 더 다정한
세상을
꿈꾸며

안정선 쓰고 그림

오히려
학교

내일을여는책

· 일러두기
- 이 책은 지난 몇 해 동안 지은이가 『작은책』, 『시사인』, 『민들레』에 발표한
  글 가운데 몇 편을 고르고 다듬어 펴냈습니다.
- 책에 실린 아이들 이름은 모두 가명입니다.
- 각 글이 발표된 연도는 글 맨 끝에 표기해 두었습니다.

답은 찾았는가

머리맡에 나를 행복하게 하는 멋진 책들이 많이 쌓여 있다. 우주와 별에 대한 책, 환경과 지구를 걱정하는 책, 아름다운 자연의 신비를 노래하는 책, 아주 오래전에 살았던 위대한 철학자의 책, 예술에 관한 책, 대문호의 생각 깊은 수필, 아주 잘 쓴 시, 단순하지 않은 여행기, 최선을 다해 쓴 음악사……. 글을 가다듬는 내내 스스로에게 묻는다. 그렇다면 내가 세상에 내놓을 책은 어떤 정체성으로 사람들의 머리맡에 놓여 그들을 행복하게 할까?

나는 교사다. '가르치고 배우는 사람'이다. 처음부터 글 쓰는 사람이 될 생각은 없었다. 어쩌다 보니 학교에서 만나는 아이들이 예뻐서 그 이야기를 쓰고, 학교에서 '이래서는 안 되지 않나?' 싶은 일을 만나면 같이 고민해 보자고 세상에 질문을 던져 보게 되었다. 하지만 그렇게 쓴 글들은 늘 남들에게보다는 나 자신에게 던지는 질문으로 돌아오곤 했다. 글 한 편을 어딘가에 내놓을 때마다 스스로에게 묻는다. 나는 이 글을 통해 무슨 이야기를 세상에 전하고 싶은 건가.

그 질문에 충분한 답을 찾지 못하고 어느새 나이 든 교사가 되었다. 드라마 같은 데 가끔 등장하는 지혜롭게 늙은 교사처럼 고민하는 학생, 좌충우돌하는 젊은 교사들의 등을 너그럽게 두드려 주는 이가 되고 싶었지만 아직도 나는 늘 조금은 긴장한 채 '좋은 선생님이 되고자 최선을 다하겠습니다.' 이러고 있다. 남은 시간은 얼마 없는데 과연 언제 좋은 교사가 될까.

이 책은 경력만 늘었지 아직도 덜 자란 교사가 끊임없이 자신에게, 세상에 던진 질문들의 모음이다. 언젠가 내 독자 중 한 명이 한 말처럼 고민만 있고 답이 없는 글들이다. 글 몇 편에라도 대안을 제시해 보고 싶지만 거시적인 전망, 단호한 선언, 분명한 방향 제시, 그런 것은 쓸 수 없었다. 그러고 보니 어린 친구들과 함께 공부하면서 저 소년의 앞날에 어떤 길이 열릴 것인가 확신을 갖고 미래를 제시한 적도 거의 없었던 것 같다. 아무도 답을 알지 못하는 그 길에 학생들의 손을 잡고 반 발짝 앞서 걸어 볼 뿐이다. 좀 더 지혜롭고 좀 더 유능했더라면…, 교단의 남은 날들이 줄어들수록 그런 아쉬움이 있다.

그래도 이 책 속 이야기들이 학교와 교사, 사춘기 중학생들에 대해 세상 사람들이 품은 오해를 푸는 데 조금이라도 도움이 되면 좋겠다. 이 글을 읽은 분들이 책을 덮으며, 맞아, 그래도 아직 학교는 꼭 필요한 곳이야, 우리 아이들이 학교에서 행복하면 좋겠어, 라고 생각한다면 좋겠다.

여기 실린 글 대부분을 2년 동안 연재해 주신 월간 『작은책』 유이분 이사, 나의 글이 세상에 필요할 거라고 손 내밀어 준 <내일을여는책> 김완중 대표, 그리고 특히 아픈 손목으로 가만가만, 원고들을 예쁘게 쓰다듬어 주신 문현경 편집자께 진심으로 감사드린다.

2022년 풀꽃 선생 안정선

차례

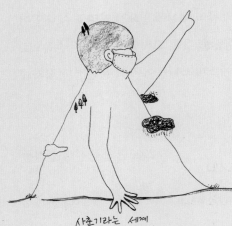

사춘기라는 세계

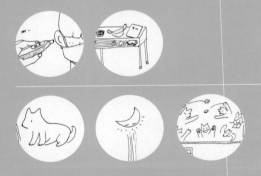

1부

대한민국 중딩이
코로나를 만났습니다

01

저기요,
고객님 체온 재게 마빡 좀

오전 8시 30분, 우중충한 얼굴로 아이들이 등교하다

1, 3학년은 원격수업이고 2학년이 등교하는 날이다. 원격
수업은 원격수업대로 영상 만들랴 출석 체크하랴 수업이나
과제를 하지 않은 아이들에게 연락하랴 정신이 없지만 뭐니
뭐니 해도 아이들이 등교하는 주간의 긴장과 역동과는 비교
할 수 없다. 힘은 더 들어도 아이들이 학교에 올 때 학교는 비
로소 활력을 찾고 살아난다.

등교수업 하는 첫날 월요일 아침, 아이들이 어두운 얼굴로
8시 30분부터 55분 사이에 등교한다. 원격수업 기간에 밤낮
을 바꿔 생활하는 아이들이 많아서 오랜만에 아침 일찍 학
교 오는 게 힘든 거다. 코로나 전이었더라면 8시 10분에 이미

교실에 들어가 아침 독서를 하고 있을 텐데 말이다. 아이들의 '친교'는 보통 조회를 마치고 담임 선생님이 교무실에 돌아간 후 1교시 교과 선생님이 등장하기 전까지의 그 짧은 시간, 그리고 매 교과수업 시간 사이 쉬는 시간 10분과 점심시간에 주로 이루어진다. 수다, 게임 이야기, 팔씨름, 친구 필통 들고 튀기, 뒤쫓아 가기, 화장실 가서 물 뿌리기, 소리 지르기, 헤드록 걸기, 욕하기, 되로 들은 욕 말로 되돌려 주기… 그 모습이 마냥 아름답지만은 않았더라도 그것이 '일반적'이었음을 새삼 깨닫는다. 그 모든 것을 지금(2020년)은 보기 어렵게 되었으니까.

아이들 몸에 흐르던 자기장은 어찌하라고

수업은 본래의 45분에서 40분으로 줄었다. 6교시씩 계산해도 하루면 30분, 일주일 150분, 한 달에… 이렇게 일 년이면 도대체 얼마나 많은 시간 '덜' 공부하게 되는 걸까? 중학생에게 학습보다 더 중요한 일은 많다. 친구 만나기, 책 읽기, 운동, 공상, 자기 몸과 마음 관찰하기, 부모 품 벗어나기 등등. 아무리 그렇더라도 하루 30분씩 일 년 동안 줄어든 학습량이 걱정된다. 이 나이 무렵에 스며들 듯 받아들이는 '공부'는 교양이 되고 인격이 되고 삶의 기초가 되는데 그게 올해 푹 꺼지고 있다. 지금은 쉬는 시간도 거의 없고 점심시간도 45분으로 줄였다. 매시간 교실에는 교사가 있다. 쉬는 시간은 쪼개 앞 시간 교사와 뒤 시간 교사가 교대로 자리를 지키고 점심시간에도 담임이 내내 아이들과 함께 머문다. 아이들끼리만 있으면 엉겨 붙어서 '거리 두기'가 안 되기 때문이다. 수업 시간에 그토록 점잖게 앉아 있다가도 쉬는 시간만 되면 자기들끼리 N극 S극이 있는지 붙고 떨어지길 반복하던 아이들을 억지로 떼어 놓아야 한다니!

코로나 이전에도 코로나 시대에도, 아니 AI 수업을 하든 나노 3D 우주 교신 4차원 시간 병합 수업을 하게 되든, 아마도 아이들에게 제일 즐거운 시간은 급식 시간일 것이다. 점심 직전 시간 수업하는 교실에서 체온을 잰다. 아이들 이마에 대고 체온계를 누르니 체온이 '26.5도' 이렇게 나온다. "아니, 혹시 넌 정체를 숨기고 학교에 다니는 외계인??" 알고 보니 두꺼운 머리카락이 이마로부터 나오는 원적외선과 따스한 그들의 온기를 차단하는 거였다. 사춘기 아이들이 앞머리를 길게 기르고 이어폰을 끼고 다니는 것은 그들이 무슨 엄청난 음악 애호가라서가 아니다. 자기만의 세상에서 혼자 있고 싶으니 침입하지 말라는 뜻이다. 세상을 향해 드리운 커튼 같은 앞머리를 체온을 재겠다고 올리라고 하다니, 평소 같으면 언감생심이다. "어디, 네 이마 좀 보자꾸나." 그러면 아마 아무리 순한 아이들도 "아이참, 선생님, 왜 이러세요." 할 거다. 거부하는 녀석의 머리에 살포시 손을 얹으며 "어허, 이마 좀 까 봐, 쨔샤~." 이랬다가는 본의 아닌 팔꿈치 가드에 마음 상할지도 모를 일이다. 나는 최대한 다정하고 공손(!)하게 학생님들께 "저기요, 고객님? 체온 재게 마빡 좀~" 이런다. 코로나의 힘은 '쎄'다. 아이들은 조금은 수줍어하며 여드름이 돋아난 이마를 살짝 들추고 체온계 앞에 들이민다.

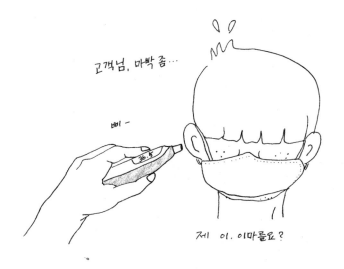

고객님, 마빡 좀…

삐ㅡ

제 이, 이마를요?

점심시간에 총알같이 뛰어 내려가 새치기를 한다? 이건 코로나 시대 중딩의 예의가 아니다. 우리는 정해진 순서와 시간에 따라 유치원생처럼 복도에 줄을 서서 담임 선생님 뒤를 따라 급식실에 가야 한다. 밥을 먹을 때는 지그재그로 가림판을 마주하고 앉아야 한다. 만만한 친구의 소시지 하나 슬쩍하고 먹기 싫은 반찬 한 놈에게 몰아주던 시절은 벌써 추억이 되었다. 그나마 유일하게 마스크를 벗을 수 있는 시간이라는 게 더할 나위 없이 행복하긴 하다. 담임들은 아무리 거리 두기를 하고 평상시보다 두 배로 시간을 들인 식사 시간일지라도 15분이면 끝나 버리고 남는 점심시간을 어찌 보내야 할지 막막하다. 날씨가 좋으면 운동장 산책도 하고 스탠드에 앉아서 하늘을 보다 올 수 있지만, 너무 춥거나 더운 날엔 남은 점심시간 내내 아이들을 엎드려 재우거나 책을 읽힌다.

어서 와, 코로나는 처음이지?

원래 12월쯤 되면 선생님들에게 익숙해진 아이들은 수업 시간에 딴짓도 하고 슬쩍 '개기기'도 하고 그런다. 그런데 올해 아이들은 다르다. 수업에 들어가면 꼿꼿하게 앉아 교사를 맞이한다. 엎드려 자는 아이는 거의 없다. 너무 예의 바른 아이들은 낯설다. 생각해 보니 이 아이들과 얼굴을 마주하고 만난 시간이 다 합해도 두 달이 되지 않는다. 이제 겨우 학기 초 5월 정도만큼의 시간을 함께했으니 아직도 선생님들이 서먹서먹하고 어려운 것이다. 교실은 이제야 조금 떠드는 아이들이 생기기 시작했는데 그 역시 친구들을 만난 시간에 비례한 현상이다.

원격수업 할 때 매번 수업을 제시간에 듣지 못하고 과제도 잘 못 내던 아이가 있었다. 따로 만나 밀린 수업 지도를 하는데 알고 보니 올봄에 전학 온 아이다. 다른 아이들은 카톡이나 전화로 놓친 과제는 없는지, 원격수업을 어디서 어떻게 들어야 하는지 친구와 정보를 주고받지만 전학 와서 새 친구를 사귈 틈도 없이 집에서 혼자 원격수업을 해야 했던 그 아이는 그야말로 맨땅에 헤딩을 해야 했다. 10월 말, 그 녀석이 수업 시간에 옆의 아이랑 소곤거리며 떠드는 걸 보았다. 수업 시간에 떠들면 괘씸한 생각이 들어야 하는데 나는 오히려 이제 그 아이에게도 친구가 생겼나 싶어 마음이 놓였다. 그렇게 우리의 시간은 이제 고작 5월에 머문다. 어쩌면 저 아이들의 성장도 1년 중 학교에 나온 두 달의 시간만큼만 유효한 건 아닐지 걱정이 된다. 한 해 오롯이 살아야 했을 세월을 집과 컴퓨터에 묻어 두고 두 달 정도만 사람답게 살아 냈던

2020년이라고, 열다섯 살, 마스크에 얼굴 반을 가리고 눈동
자만 반짝이던 중2, 아이들은 그렇게 올해를 기억하지 않을
까. (2020)

02

중2는 압축 성장 중

코로나에 어느 정도 적응이 된 2021년, 우리 학교는 1학기 때 한 학년이 한 달 내내 등교하도록 수업을 진행해 보았다. 즉 2학년과 3학년이 한 주씩 번갈아 원격수업을 할 때 중1은 3월 내내 등교하고, 같은 방식으로 4월엔 2학년, 5월엔 3학년이 줄곧 등교한 것이다. 아이들의 활력이나 기운은 오다 말다 하던 때와는 정말 달랐다.

중1이 왜 중요하냐면

특히 중1의 경우 입학하자마자 3월 내내 등교한 것이 정말 좋았다. 중1로 말씀드리자면 서열화와 사회화를 거치며 중학교 생활에서 가장 중요한 친교와 질서, 예의범절을 익히는 시기이다. 그리하여, "우리는 생물학적으로는 '동물'로 태어났으되 동물 그 이상으로 사회적 삶의 자세를 갖추지 않으면 인생이 몹시도 괴로워질 수 있다"는 걸 깨닫는 시기이기도 하다.

내가 30여 년 동안 교실에서 만나 온 남자 중학생들은 중1 입학 직후에 진짜 많이 싸웠다. 이른바 서열 짓기인데, 중2병이니 어쩌니 해도 오히려 2학년쯤 되면 싸움이 거의 일어나지 않는 이유가 서로 친해져서이기도 하지만 이미 1학년 때 서열 짓기와 동아리 형성이 끝나 굳이 싸울 필요가 없어져서 그런 것도 있다. 싸우는 게 좋은 건 아니지만 한편으로는 그게 사회성 형성의 필수 과정처럼 보이기도 한다. 그래서 학교에서는 아이들이 이 과정을 지혜롭게 극복하고 성장의 발판으로 삼을 수 있도록 지도하려 매우 애쓴다. 그런데 지금 중2 학생들은 작년에 이걸 못했다. 사귈 틈도, 싸울 시간도 없었던 거다. 그에 따라 학교폭력 사건도 거의 일어나지 않았다.

그래서 좋았냐고? 아니, 나는 사실 작년에 몹시 불안했다. 아이들의 속성상, 어찌 보면 성장에 꼭 필요한 그 과정을 절대 건너뛸 리 없으므로 그 부작용은 언젠가 어디선가 반드시 나타날 거라고 생각한다. 아니나 다를까 학교에서는 사건이 줄었지만 각 가정에서는 갈등이 많았다 한다. 집에서 누나나 엄마하고 다투거나 심지어 때리는 사건도 제법 있었는데 아이들의 답답한 마음과 분노가 가정에서 상대적 약자에게 폭발한 것으로 보인다.

2021년, 중1 같은 중2들

작년에 중1 시절을 입학식도 치르지 못하고 어영부영 보낸 지금의 중2는 올해 새로 입학한 1학년 후배들만도 못한 생활 태도, 학습능력, 언행 등으로 선생님들을 경악하게 했다. 2021년의 중2는 문무 겸비가 아닌, 자아중심적 질풍노도의 시기적 특성과 채 다듬어지지 않은 신입생의 어설픔을 겸비한 '열네 살스러운 열다섯 살'의 특성을 지녔다고 해야 할까. 수업에 집중도 못 하고 쉬는 시간이면 강아지들처럼 복도 이 끝에서 저 끝까지 질주하지를 않나, 정말 3월의 중2는 '이 머선 129'였다.

그나마 4월 내내 등교를 하고 그들로서는 생애 첫 중학교 시험(중1은 자유학년제로 시험이 없다)인 중간고사를 치르고 토핑으로 한두 건의 소소한 주먹다짐 사건을 겪고 나서야 이제 쬐끔, 중학생다워지고 있다. 열다섯 살의 소년들은 작년에 제대로 살아 내지 못했던 세월을 압축하여 한 달에 약 석 달

치 정도씩 모아 단기속성과정으로 모든 경험을 해내고 익히
는 중이다.

내 계산이 맞는다면 이 녀석들은 9월 정도에 중1 말에 흔
히 나타나는 '살짝개김증' 증세를 보일 가능성이 높다. 살짝
개김증이란 귀염귀염한 시절과 하룻강아지 서열정리가 끝
날 무렵, 즉 중2 올라가기 직전에 나타나는 사춘기 초입 증세
같은 건데 괜히 선생님들한테 한 번쯤 무례하게 굴어 보는
현상이다. 속성 성장에는 속성 말썽이 따르는 법. 압축성장을
한다고 해서 말썽만 살짝 건너뛰고 성장만 있기를 바라는
건 어른들 욕심일 거다. 어쩌면 사춘기 청소년들의 '지랄 총
량의 법칙'은 엄마들의 농담이 아니라 과학일지도 모른다는
생각마저 든다.

물론 아이들 대부분은 울컥한 짜증과 반항기를 학교 선생
님께 풀어내는 일이 얼마나 무모하고 지지받지 못하는 일인
지를 곧 깨닫는다. 사람들은 흔히 중2들 모두가 무섭기 짝이
없는, 전두엽 최소화에 변연계 부조화, 파충류 뇌에 120마력
의 행동력을 지닌 알렉시티미아감정표현 불능증, Alexithymia 환자 혹
은 괴물인 줄 알지만 사실 아이들 대부분은 약간의 출렁임을
거쳐 곧 지극히 건강하고 건전하게 잘 큰다. 요즘도 원격수
업 다음 주에 수업에 들어가 보면 '오, 두 주 만에 보는데도 그

새 꽤 어른스러워졌네?' 하고 놀랄 때가 많다.

학력 격차가 문제라고?

'교육부가 학력 보충을 고민한다'는 뉴스를 접하고 나는 한숨을 쉬었다. 아직도 공부 걱정만 하고 있다니……. 빈곤 가정에서 부모들의 세심한 돌봄을 받지 못할수록 휴대폰이나 컴퓨터 사용이 늘고 학생들의 학력이 저하된다고 한다.*

중상위층 가정의 학생들과 중하위층 가정의 학생들 간의 학력 격차가 문제가 된다면서 교육부는 기초학력을 보강할 대안들을 이것저것 내놓고 있다. 하지만 우리 아이들에게 필요한 것은 공부의 절대 시간만이 아니다. 교육부는 그 어마어마한 예산으로 아이들이 소그룹으로라도 모여서 놀고 노래하고 운동하고 그림을 그릴 수 있도록 활동을 만들고 시간과 공간을 마련해야 한다.

학교는 무너졌고 우리 아이들은 코로나 때문에 망했으며 앞으로 펼쳐질 일들이 끔찍하다고 예견하는 것은 '코로나로 인한 등교중지와 원격수업' 때문이 아니다. 정말 걱정해야 하고 무서운 예측을 통해 미리 막아 내야 할 재앙은 못다 한

---

* "적나라하게 드러난 팬데믹 시대 교육 불평등", 『시사IN』, 변진경 기자, 678호 (2020.9.14.)

공부가 아니다. 방안에 꽁꽁 갇혀 오직 스마트폰으로만 세상을 만나야 했던 아이들 마음에 스며든 우울과 피해의식, 열등감이다. 그리고 낮은 자존감 때문에 자기 동아리가 아닌 모든 존재에게 미움과 혐오의 화살을 쏘고 싶어 하게 되는 '마음'이다.

학습능력과 생활태도는 압축성장이 가능할 수도 있다. 하지만 맘껏 뛰어놀지 못해서, 가정에 꽁꽁 묶여 지내느라 가족에게 받은 상처는 속성치유가 불가능하다. 상처를 제대로 치유하지 않고 대충 봉합해 버리면 겉으로는 멀쩡해 보여도 안에서 독이 자랄 수 있다. 작년과 올해 학생정서행동검사에서 자살을 생각해 보았다거나 자살행동을 실제로 해 보았다는 아이들이 너무 많다. 고작 열네 살, 열다섯 살인데 죽고 싶은 마음이 든다. 저 어여쁜 아이들, 하하거리며 복도를 날아다니는 아이들이 방에 혼자 앉아 있을 때 죽고 싶어서 손목에 칼질을 하고 가족이 아무도 없을 때 아파트 베란다 밑을 내려다본단다. 난 그게 더 무섭다. (2021)

03

중1을 아십니까

2월 초, 초6 학생들이 중학교 배정통지서를 받으러 곧 졸업할 6학년 교실에 들어갔을 때, 얼마나 설렜을까? 친구들과 "넌 어느 학교 갈 거 같아?" "넌 어디 가고 싶어?" "어디든 너랑 같은 학교 가면 좋겠다." 수다를 떨며 담임 선생님을 기다렸으리라. 그러다가 선생님이 들어와서 배정통지서를 한 명씩, 한 장씩 나누어 주셨을 테지. 누구는 '아싸~!' 그리고 누구는 실망해 한숨을 쉬었으리라. 그렇게 모두에게 배정통지서가 돌아가면 담임 선생님은 오늘부터 2, 3일간 배정받은 중학교에 가서 배정등록을 하라면서 중학교에서 알려 주는 안내사항을 꼼꼼하게 잘 챙기라고, 조금은 걱정스러운 얼굴로 아이들의 뒷모습을 배웅했을 것이다.

중1이 누려야 할 소소한 일상

흔히 중2가 제일 강렬한 사춘기의 검은 아우라를 뿜는 시기라고, 열다섯 살 중2 남학생을 가르치는 일이 시대의 과제이고 역사의 난제인 양 말하지만 사실은 중1도 만만치 않다. 100번 같은 말을 해 줘도 그런 말 처음 듣는다고 어찌나 우기시는지 칠판에 큰 글자로 또박또박 적어 드려야 한다. 수업 중 교실을 돌아다니는 일도 있다. 어떤 학생이 말없이 교실 밖으로 나가기에 "자네, 수업 중에 어디 가나?" 하고 물으니 별일을 다 보겠다는 표정으로 "화장실 가는데요?"라고 말해서 웃었던 적도 있다.

남학생들은 수업 시간에도 성性적인 농담을 많이 하는데 중2, 중3 정도 되면 그나마 말을 가려서 하게 된다. 하지만 중1은 소위 '할말못할말못가림' 증상이 좀 있는 편이다. 천진하고 귀여운 얼굴로 야한 농담과 패드립(아이들이 상대방의 부모를 욕하는 패륜적 표현) 따위를 아무렇지도 않게 내뱉는 중1 남학생을 상상해 보시라.

마스크를 쓰고라도

하여간 때로는 귀엽고, 때로는 세상 물정 몰라서 더 무서운 중1이 입학을 했다. 아직은 한없는 호기심과 젖살 보송한 귀여움을 '시전'하시고들 있지만 5월쯤 되면 몇몇은 다투다가 교무실에 불려 올 거고 날씨가 따뜻해지면 긴장감이 풀어져서 바지 주머니에 손을 넣고 건들거리며 걷다가 다정한 선생님을 만나 두 손 맞잡힌 채 바른 몸가짐에 대한 설교도 들을 것이다. 운동장에서 축구를 하다가 괜히 넘어지고 다치고 싸우는 녀석들이 보건실을 들락거릴 것이다. 급식실 가는 길고 긴 줄 사이로 슬쩍 새치기를 시도하다 친구들에게 집중적인 지청구를 들으면서 눈치와 양심과 체면의 사회학을 온몸으로 익힐 것이다.

처음에는 바른 자세로 앉아 나름대로 열심히 공부도 해 보지만 형들이 중간고사를 볼 때쯤 자유학년제 체험활동을 나가느라고 마음이 들뜨다 보면 어느새 공부고 뭐고 마음이 풀어지기 시작할 것이다. 그런 봄날이 지나고 점점 키가 자라면서 이유를 알 수 없는 불안도 불쑥불쑥 솟구치고 누가 옆에서 뭐라고 하면 괜한 화가 터지기도 할 거다. 그렇게 중학교 생활에 익숙해지다가 11월쯤 되면 어렵기만 하던 선생님들이 좀 만만하고 지겨워진다. 수업 시간에 삐딱하게 앉아도 보고 선생님이 뭐라고 하면 괜히 반항도 해 본다. "너희 요즘 왜 그래?" 그러면 그중 좀 어른스러운 아이가 "선생님, 이해하세요, 저희가 요즘 사춘기거든요." 이러면서 선생님을 달

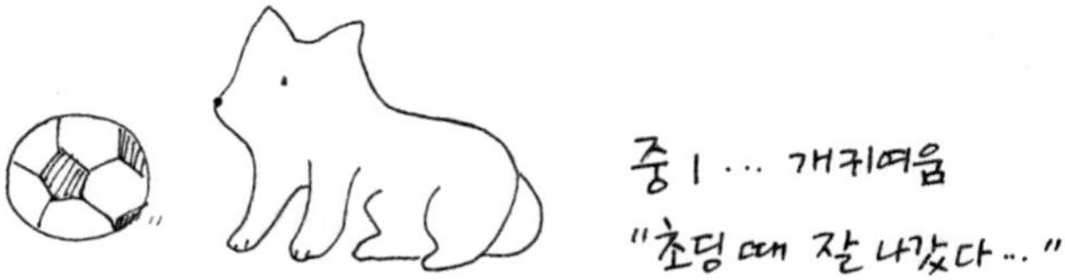

중1… 개귀여움
"초딩 때 잘 나갔다…"

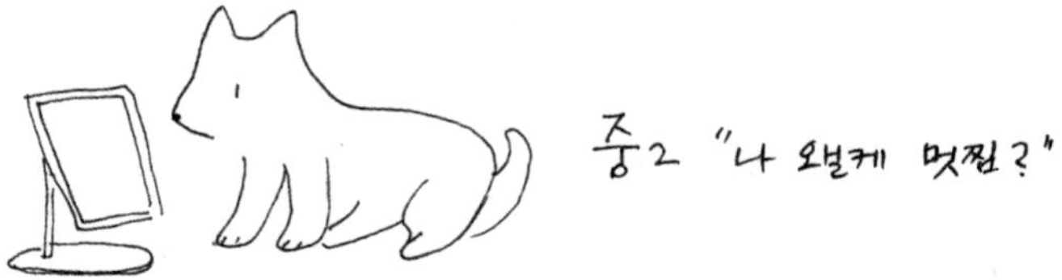

중2 "나 왤케 멋찜?"

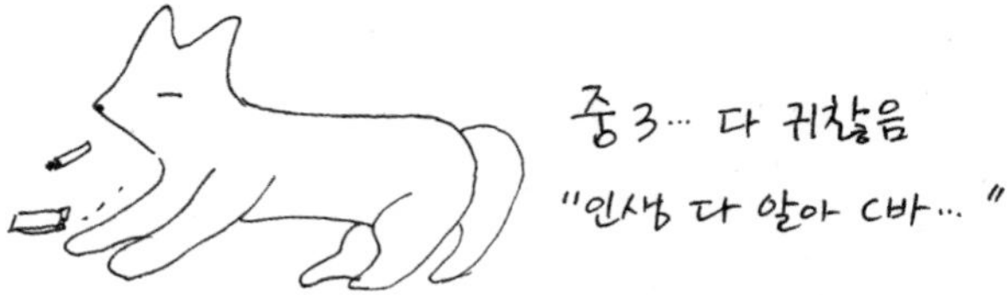

중3… 다 귀찮음
"인생 다 알아 C바…"

래기(?)도 할 것이다. 그러다가 중2 올라가는 2월이 되면, "아, 이제부터는 일 년에 시험을 네 번이나 본대." 한숨을 쉬면서 공부 열심히 할 결심도 한 3초쯤 먹어 볼 것이다. 정말?

올해는 정말 그런 '정상적인' 중1 생활을 영위할 수 있으면 좋겠다. 축구공을 뻥뻥 차면서, 어깨동무를 하고 급식실로 뛰어가면서, 때로는 고함도 지르고 별일 아닌데도 눈물 흘리다가, 히히 웃고 친해졌다 싸웠다 혼났다 칭찬도 들었다 하면서, 그러면서 커 가는 '하찮지만 알차고 슬기로운 중1 생활'을 마스크를 쓰고라도 누리기를, 맘껏 누리기를 바라 본다.

(2021)

04

보육과
교육 사이에서

2020년 3월 코로나로 학교가 열리지 않았을 때, 이토록 세상이 간절히 학교를 원한다는 사실을 확인하고 좀 놀랐던 기억이 있다. 학교는 한때 학생들을 무지막지하게 패는 곳이었거나 온갖 규제로 학생들을 괴롭히고 귀찮게 하는 곳이었다가, 야자니 성적 우열반이니 이런 논란에서 좀 느슨해지자마자 학원만큼도 못 가르치는 곳, '학습'이란 측면에서 거의 무용지물에 가까운, 졸업장을 위해 억지로 다녀야 하는 곳으로 전락했다. 그런데 그런 학교 문이 열리지 않자 세상은 입을 모아 "학교는 도대체 언제 열리는 겁니꽈아~?" 부르짖었다. '우리 아이들이 학교에 갈 수 있도록 우리 모두 서로 마스크 쓰고 조심 좀 합시다' 이것이 코로나 시대 방역수칙을 잘 지켜야 할 천만 가지 이유 중 가장 으뜸이었다. 많은 생각을 했다. 왜 사람들은 이토록 학교를 갈구하는 걸까?

코로나가 묻는다

누군가가 나와 같은 의문을 갖고 학생들에게 물었다 한다. 학교에 가고 싶은 이유가 무엇인지를. 친구가 그립고 운동장에서 뛰어놀고 싶고 급식도 먹고 싶다고 대답했지만, 학부모들과 달리 '공부가 너~무 하고 싶어서'라는 이유를 댄 학생은 극히 적었다. 역시 학교는 공부하는 곳이 아니었던 것이다! 특히 초등학교와 중학교는.

수업을 금과옥조로 알고 좋은 수업을 하기 위해 최선을 다해 왔다고 믿고 있던 교사들은 이 대답들 앞에서 스스로를 초라하게 돌아본다. 학교는 닫았어도 학원 문은 열렸던 그 봄, 아, 아이들은 우리가 보고 싶어서, 우리의 가르침을 얻고 싶어서 학교를 그리워하는 게 아니었다는 걸 교사들은 뼈저리게 알아차리고 학교의 본질, 교사의 기본이 무엇인지, 학교는 도대체 뭐 하는 곳인지 다시 물었다. 학교가 꼭 필요하다 하니 오히려 역설적으로 자괴감을 느끼며 말이다.

코로나로 인해 학교가 '수업'의 문을 닫았을 때에도 '돌봄'은 멈췄던 적이 없었다. 그것도 생각해 보면 이상하다. 학습은 안 해도 돌봄은 해야 한다니. 코로나보다 더 무서운 것은 어린아이들을 돌볼 사람이 없다는 사실인 거다. 그래서 또 교사들은 의문을 품어 본다. 학교는 교육기관인가 보육기관인가?

시대가 요구하는 역할

초등학교는 돌봄교실을 운영한다. 내가 근무하는 중학교에는 돌봄 대신 '교육복지'라는 이름으로 여러 가지 프로그램을 진행하며 학생들이 경제적으로 학습적으로 심리적으로 결핍되지 않도록 돕는다. '공부 못하는 아이들(소위 기초학력부진아)'을 오직 '공부'라는 측면에서만 접근했던 과거의 관점보다 훨씬 유연한 안목이다. 학습이 부족하고 일탈행동을 하고 사회적 적응을 잘 못하는 아이 뒤에는 각 가정의 어려운 경제적 사정이, 학대가, 부조화와 갈등이, 더 나아가 사회구조적 문제가 있으리라는 것, 그런 원인에 접근해 다양한 방향에서 아이들에게 손길을 보내야 학습이라는 면의 불균등도 극복할 수 있으리라는 접근이다. 주로 담임교사들을 중심으로 학급에, 동아리에 그런 요인을 가지고 힘겨워하는 학생이 없는지 관심을 가지고 지켜보고 필요한 지원을 한다.

아동학대 의심 학생들도 그런 눈으로 관찰하고 빨리 대처

해야 한다. 2019년에는 시행령이 개정되어 아동학대와 더불어 학교에 근무하는 이들은 '긴급복지 지원 신고 의무자'가 되었다. 복지 사각지대에 놓인 가정을 학생을 통해 발견하고 지원하도록 신고하라는 제도다.

우리 학교에 다문화가정, 외국인 가정 학생 중에 경제적으로 어렵고 가족관계가 파탄 나고 언어가 통하지 않아 지자체로부터 받을 수 있는 각종 지원조차 받지 못하는 학생들이 몇 있다. 학교에 오지 않으려 부모와 실랑이하는 학생, 머릿속에서 자살 생각을 놓지 않아 어른들 애를 태우는 학생, 아무래도 엄격한 아버지가 아이를 학대하는 게 아닌가 의심되는 학생들도 있다. 담임 선생님들은 그런 학생들을 발견하면 발을 동동 구르면서 상담복지부에 전화를 한다. 상담실에서는 지역 교육복지센터로, 구청으로, 정신건강복지센터로, 학교보건진흥원으로 전화해서 담당 공무원이나 사회복지사, 의사들과 의논한다.

지자체나 지역의 센터들은 학교의 의뢰로 외국인 어머니가 구직 신청을 하도록 도와주고 아이들이 상담이나 치료를 받을 수 있게 해 준다. 갑작스레 아버지가 사망하신 댁에 찾아가 긴급지원이 필요한지 점검한다. 학교에 나오지 않는 아이, 우울감이 깊은 아이의 집에 방문상담도 함께 간다. 가정

형편 때문에 각종 부적응 행동이 나타나는 학생들은 언어치료, 상담치료 등 의료지원을 받을 수 있도록 돕는다. 학교에 못 오겠다고 하면 집으로 찾아가고, 상담받으러 멀리 가기 싫다고 하면 상담사나 의사가 학교에서 학생을 만날 수 있게 한다.

학교가 그런 것까지 해야 하는지 묻는다면

초등학교 돌봄교실을 놓고 '돌봄'을 학교가 끌어안아야 하느냐 마느냐의 논쟁이 벌어지고 있다. 그에 대한 개인적인

너의 집에 달빛

의견을 표명할 생각은 없다. 다만, 이제 세상은 학교가 단순한 학습과 지식 습득의 장이 아니기를 요구한다는 것만은 분명하다. 이제는 학교 말고는 아이들을 섬세하게 관찰할 눈이 없기 때문이다. 친인척과 이웃, 마을 공동체가 혹시 부실한 부모 밑에서 아이들이 제대로 돌봄을 못 받을 때 십시일반 손길을 내밀던 그런 시대는 갔다. 그나마 학교에는 운동장과 친구와 급식과 책임감 있는 어른이 있다. 학교는 제약과 잔소리와 규제의 상징이 돼 버렸지만 뒤집어 생각하면 가장 안전하고 체계적인 곳이기도 하다. 그래서 세상은 학교더러 우리 아이들을 잘 보아 달라고, 상처받은 아이, 아픈 아이들이 있으면 관찰하고 발견하고 행정을 맡은 기관에 알려 달라고 요구하는 것이다.

누군가가 학교가 그런 것까지 해야 하는 거냐고 묻는다면 이제는 시대가, 세상이, 학교에 그런 품을 요구하는 때가 되었다고 말하겠다. 물론 나는 아직도 학교는 '공부가 제일 즐거운 곳'이어야 하고, '수업 잘하는 교사'가 최고의 교사라고 생각하지만 말이다. 그리고 사족이지만 북유럽이나 쿠바처럼 복지가 발달한 곳일수록 학교는 마을공동체와 같은 역할을 한다는 말을 같이 들려드리는 바이다. (2021)

05

코로나 시대에 엿본 다른 수업 이야기

나는 궁금하다. 전부터 궁금했다. 진짜 진짜 궁금했다, 다른 선생님들 수업이 어떤지가. 창문 너머 보이는 아이들의 수업 태도만으로 저 선생님 수업은 재미있나 보다, 졸리나 보다, 짐작만 할 뿐이었다. 남들은 어떻게 수업을 기획하고 진행하는지, 얼마나 효율적으로 학습을 시키고 아이들 사이의 관계를 이어 주는지, 어떻게 학생들 하나하나 장점들을 드러내 주는지, 어떤 발문으로 흥미를 유발하고 어떤 말로 아이들을 웃기며 어떻게 교묘하게 지식을 전달하면서도 동시에 좋은 가치관과 태도를 익히게 하는지, 정말 궁금했다. 그래서 종종 수업 잘한다는 평판을 듣는 동료나 선배, 후배들에게 수업을 구경 가도 되는지 묻곤 했다. 소모임이나 수업연구

동아리를 만들어 호시탐탐 남의 수업을 엿볼 기회를 노리기
도 했다.

　학교에서는 일 년에 두 번 '동료장학'이란 걸 한다. 학기마
다 학부모에게 수업을 공개하기도 한다. 하지만 그렇게 한
차시 수업만 보여 주는 것은 솔직히 교사에 대한 모욕이라고
생각한다(물론 교사들에게 수업 공개는 부담스러운 일이다). 한 가
지 주제로 수업을 하려면 적어도 10차시 이상이 필요하다.
일주일에 두 시간 국어수업을 한다면 한 달 가까운 시간이
다. 그 모두를 관찰하지 않더라도 적어도 서너 시간 연속적
으로 한 교사의 수업을 들여다봐야 지식 전달할 때의 진지함
이나 해박함, 학생활동을 지도할 때의 지혜로움, 학생 개별
지도의 적절성과 유능함을 관찰할 수 있을 것이다. 일 년에
한두 번 '보여주기'식으로 하는 수업 공개나 장학은 대개가
겉핥기에 불과하다. 그런데 코로나 시대를 맞이하여 우리는
드디어 본의 아니게 수업을 공개하게 되었다. 코로나가 세상
을 많이 뒤집었지만 지난해(2020년) 학교가 겪은 일 중 이것
이 가장 개벽 같은 사건이라고 본다.

수박 겉핥기 공개 수업

　교사들의 진정성, 유능함, 교사다움을 제대로 드러내거나

발전시킬 수 없었던 가장 큰 이유는 '닫힌 수업' 때문이었다고 해도 과언이 아니다. 문을 닫고 교실 안으로 들어가는 순간 교사는 그 수업에 전적인 책임을 진다. 제왕이 될 수도 있고 한 시간을 쩔쩔매며 학생들에게 휘둘리는 지옥을 경험할 수도 있다. 문제는 어떤 경우도 그 선생 말고 남들은 모른다는 거다. 학생들이 알지 않느냐고? 학생들이 교원평가에도 참여하고 자기들끼리 입소문을 내기도 하지만 학생들의 평가가 교사들의 발전으로 이어지지는 않는다. 그 역시 형식적이기 때문이다. 그리고 학생들은 그다지 힘이 세지 않다. 학생들의 평가가 정확하고 체계적이지 않은 면도 있지만 설사 그것이 매우 정확하다 할지라도 그 평가가 교사로 하여금 자신을 벼리게 하거나 발전을 위해 노력하게 할 만한 장치나 힘은 없다(그러니까 이래저래 교원평가는 무용지물이다).

닫힌 교실은 대부분의 유능한 교사에게 자신을 드러낼 기회를 박탈하기도 하지만 또 교사 대부분이 가진 단점이나 한계, 수업의 오류를 고칠 기회를 박탈하기도 하다. 그래서 스스로 자기 수업을 녹화하거나 학년 말에 교원평가가 아닌 서술식 수업평가를 자청해서 받는 교사들도 있다. 그런 과정은 그나마 성찰의 기회를 제공하지만 그 역시 자발적으로 하거나 말거나이다.

그런데, 그,런,데! 코로나로 인해 우리는 절반쯤 수업을 공개하게 되었다!

우리 학교는 실시간 원격수업이 자리잡기 전인 코로나 첫 해에 학년별 카페를 인터넷에 열어 놓고 거기에 수업을 올리거나 EBS 온라인 클래스에 수업을 올리는 방식으로 수업을 했다. 교사마다 천차만별이다. EBS 강좌를 활용하기도 하고 스스로 동영상을 찍어 올리기도 하고 과제를 제시하기도 한다. EBS 온라인 클래스는 다른 교사의 수업을 들여다볼 수 없는 구조이지만 온라인 카페에 올라온 수업과 학생들이 올리는 과제는 전부 다 볼 수 있다. 다른 선생님 과목을 많이 들여

다 보았음을 고백하는 바이다. 역사 선생님이 손으로 그려 올린 세계지도를 내려받아 뒤늦은 지리 공부도 해 보았고 기술 선생님이 올린 드로잉 학습지도 따라 해 보았다. 영어 과제인, 그림으로 단어를 표현하는 학생 작품을 감상하느라 새벽이 깊어 가는 줄 모른 적도 있다. 체육 시간에는 주야장천 축구만 하는 줄 오해했건만 체육 선생님이 배드민턴 한 동작 한 동작을 짧은 분 단위로 끊어 올리고, 학생들이 집에서 연습한 동작 영상마다 일일이 답글을 달아 주는 것도 엿보았다. 당연히 가정에서도 학부모들은 학생들이 집에서 원격으로 학습하는 모습을 보면서 각 과목의 수업 진행 형태도 보았을 것이고 교사들의 특성도 파악했을 것이다.

딴 선생님 원격수업 엿보는 재미

학교 관련 기사가 나면 댓글에 한결같이 '우리 아이는 선생이 내내 EBS만 틀어 주더라, 줌 실시간 수업은 1년이 다 돼 가도록 왜 못하는 건데? 유튜브 링크만 맨날 올리는 선생도 월급 따박따박 받냐?' 이런 원성이 자자했다. 인정한다, 이 틈을 타서 수업의 고단함에서 벗어나 얌체같이 수업하는 교사도 꽤나 많았다는 것을. 일 년 내내 똑같은 패턴으로 영상 + 과제만 올리고 학생들에 대한 변변한 피드백 한 번 안 하는 교사도 있고 적어도 1학기에는 주로 EBS로 수업을 갈음하는 이도 있는 것 같았다. 피드백은커녕 동영상이나 읽기 자료 또는 학습지를 올리긴 하는데 검사를 하지 않는 경우도 있었다.

수십 년 동안 못 보던 남의 교실을 들여다보는 기분이었다. 편견을 갖고 있던 동료가 수업마다 열심히 아이들 과제에 소통하는 모습을 보고 미안하기도 했지만 오프라인 수업에서 인기 만점이던 교사가 혹시 저 이는 '말빨'로만 수업을 해 왔던 건가 싶게 원격수업에서 안이하게 대처하는 모습도 보았다. 잔인한 학부모들의 댓글에 대해 억울하다고 항변할 생각은 없다. 코로나 팬데믹은 생물학적으로나 환경적 측면, 정치공학적인 면에서도 우리를 돌아보게도 했지만 그 무엇보다 학교의 본질에 대해, 수업의 본질에 대해 생각하게 했고 교사들이 자기 수업을 성찰하게 했다.

학교는 몹시 부끄러워하면서 미친 듯이 노력해야 한다. IT 기술적인 측면을 말하는 게 아니다. 줌 영상 실시간 수업을 잘해 내야 한다는 뜻이 아니다. 닫힌 교실에서 제왕적 수업을 해 왔던 우리들의 민낯이 까발려졌다. 온라인에서든 오프라인에서든, 누가 들여다봐도 부끄럽지 않은 수업을 할 수 있어야만 우리는 어디 가서 당당히 '저는 교사입니다' 하고 말

할 수 있으리라는 것을 처절하게 깨달은 한 해가 되어야 한

다. (2020)

2부

모여서 더욱 아름다운
풀꽃입니다

01

텔레파시와
제로 콜라

"선생님, 음료수 사 주세요"

작년에 가르쳤던 빈이가 오며 가며 복도에서 만났을 때 건넨 말이다. 뭐라? 작년에 나한테 그렇게 혼이 나고도 친한 척이냐? 빈이는 온갖 핑계를 대며 학교에 잘 오지 않던 학생이다. 학교에 오는 날에도 나무늘보처럼 엎드려 자는 날이 더 많고 어쩌다 말똥말똥한 날은 옆 친구랑 떠들어서 (미안하지만) '차라리 자는 게 낫군' 이런 생각이 들어 죄책감을 느끼게 하는 학생이었다. 선생님들끼리 수다 떨 때 이런 이야기를 털어놓으면 다른 선생님들도 "어머, 나도 그럴 때 죄책감 느끼는데!" 해서 조금은 위로를 받았지만 말이다.

올 초에 또 빈이가 여기저기 아프다면서 학교에 오는 둥 마는 둥 하자 급기야 새 담임 선생님은 어머니께 전화를 해서 "이렇게 학생이 학교를 자꾸 빠지면 학교 입장으로는 학부모님을 아동학대의 방임으로 신고를 해야 하는 상황이 올지도 모릅니다."라고 조심스럽게 경고했다. 그제서야 학생도, 어머니도 깜짝 놀랐는지 요즘은 비교적 열심히 학교에 오기는 한단다.

저주받은 학년?

빈이 잘못만일까 싶긴 하다. 빈이는 일명 '코로나의 저주를 받은 학년', 중3이다. 그가 입학하던 2020년에 코로나가 터져 그해엔 학교에 온 날이 두어 달 정도밖에 되지 않았다. 작년에도 불안정하게 학교에 오다 보니 가끔 등교수업 하는 날엔 마치 방학 마치고 끌려 나온 아이들처럼 대부분의 학생들이 학교에 오기 싫어했다. 학교에 적응이 될 만하면 한 주 걸러 원격수업을 했고 등교하는 날에도 코로나로 결석한 학생들의 자리가 듬성듬성 비어 있는 교실은 어수선하기 짝이 없었다. 맨정신에 열심히 학교 다니는 일이 모든 아이들에게 고역이었겠지만 특히 빈이처럼 기초학력이 부족한 친구들은 더 말할 것 없었을 것이다. 옆에서 격려하고 야단치고 토닥이는 부모의 노릇도 중요한데 빈이 어머니에게는 돌봐야 하는 어린 아기가 있어 빈이에게까지 미칠 힘이 부족했겠다 싶다.

그런 여러 가지 악재에도 불구하고 그나마 빈이를 학교에 오게 만드는 힘은 친구들이었다. 빈이가 소심하지 않고 상처에 둔감한 덕(?)에 선생님들의 지청구를 들어도 아랑곳하지 않을 수 있었던 것도 도움이 됐고. 비교적 친절한(?) 교사인 나조차 빈이를 어르고 달래는 데 지쳐 야단친 일이 많다. 무엇보다 빈이한테 섭섭했던 것은, 뭐 좋아하는 일이 없는지 물어보려고 책 한 권 마련해 놓고 상담실로 불렀는데 내 마음도 몰라주고 자기는 책을 싫어한다는 둥(귀찮으니 다시 나를 부르지 마쇼, 뭐 이런 태도라고나 할까), 퉁명스럽게 굴었던 일이다.

그랬던 빈이가 '우째 날 볼 때마다 음료수를 사달란다?' 아무리 교사와 학생이 친해도 경계를 넘어서는 것은 좋지 않다. 하지만 빈이라면! 음료수라도 사주고 싶다. 네가 학교에 즐겁게 올 수만 있다면…… 선생들 다 싫어, 이런 표정을 짓던 네가 나를 만만하게 생각해서든, 아무 선생님한테 막 들이대는 것이든, 말을 걸고 있지 않은가?

그런데 빈이는 참 웃긴다. 막상 내가 "음료수? 지금?" 그러면 또 "아뇨, 나중에요." 하고 발을 뺀다. 그럼 정말 음료수가 먹고 싶은 건 아닌 걸까, 염치가 있어서 사 달라 하고도 사양을 하는 걸까. 그런데 학교에 잘 안 나오는 녀석이 말을 걸어서 좋은 것도 있었지만 내게는 빈이의 그 말이 반가운 이유가 또 있었다.

학교 오기 힘들어하던 그 아이

이야기를 나눠 봐야 할 것 같은 아이들 열 몇 명 정도에게 줄 선물을 마련해 놓았더랬다. 나는 주로 책이나 문구, 인형 같은 걸 선물로 주면서 이야기를 나누곤 한다. 이번에도 그렇게 이런저런 선물을 마련했지만 다른 아이들과 달리 책도 좋아하지 않고 학교도 잘 나오지 않는, 게다가 작년에 한 번 나의 호의를 거절했던 빈이는 어찌 만나야 할지 걱정하던 중이었다. 그거 아시는가? 교사도 거절당하면 상처받고 주눅든다는 것을. 두렵고 조심스러워진다는 것을. 빈이는 착한 아이긴 해도 상냥한 편은 아니라서 내가 잠깐 시간 내서 이야기를 나누자고 하면 '왜요?' 하면서 귀찮아할 게 뻔하다. 그러니 어찌 말을 꺼내야 할지 걱정이 좀 됐던 거다. 그런데 그런 빈이가 복도에서 마주칠 때마다 "음료수 사 주세요"를 노래 부르다니~!

"샘 음료수 사 주세요.(어머, 벌써 세 번째네)"

"오, 맞아, 음료수. 지금?"

"아뇨, 나중에요.(또 나중에라네)"

"빈이는 어떤 음료수 좋아해?"

"제로 콜라요.(헐, 빈이 뱃살은 나만 걱정하고 있는 거 아니었구나)"

"아, 제로 콜라, 그거 매점에서 파는 거니?"

"네.(다행이다. 멀리 사러 가지 않아도 되겠네)"

"오키, 그럼 내가 제로 콜라 사다가 놓을게. 나중에 상담실 와."

"네, 감솨합니돠~!(나도 네가 다정하게 말 걸어 줘서 고마워)"

　　그렇게 빈이는 90도 인사를 하고 갔다. 난 언제라도 빈이가 오면 줄 수 있도록 그를 위해 사 둔 드로잉 관련 책과 필통을 내 책상 위에 올려놓았다. 무기력증 환자처럼 자기는 아무것도 하고 싶은 게 없다고 했지만 수업 시간에 연습장에 그린 그림이 제법이었던 기억이 난다. 물론 그마저도 "오, 빈이 그림 잘 그리네?" 하니까 연습장을 탁 덮으면서 "저 그림 못 그려요!" 하고 툴툴거렸지만 말이다.

　　어쨌거나 이번 공강 시간에 매점에 콜라 사러 가야겠다. '짜식, 나랑 텔레파시가 통했나?' 빈이를 어찌 부르나, 걱정했던 내 마음 말이다. 좀 뜬금없는 연결이긴 한데, 바나나 사다 두면 "어? 엄마, 나 바나나 먹고 싶었던 거 어떻게 알았어?" 카레를 끓여 놓으면 밤에 돌아와서 "아니! 오면서 카레

먹고 싶다고 생각했는데!" 하며 놀라던 나의 아들딸과의 텔레파시처럼 내 마음을 빈이한테 읽힌 건 아닐까?

　고등학교 시절 헤르만 헤세의 『데미안』을 읽으면서 진정한 자아 찾기고 나발이고 그저 데미안이 에밀에게 말 걸 때 했던 '독심술'을 배우고 싶어 했던 열망이 떠오른다. 혹시 그런 거 할 수 있을까 싶어 심리학 공부를 시작했다고 하면 나의 비과학성을 사람들은 비웃겠지. 그리고 오늘날 나는 학생들 마음을 읽는 선생이 아니라 학생에게 마음을 읽히는 선생이 된 건가? 뭐 하여간 그렇게 데미안과 심리학은 빈이와 나에게 대화의 물꼬를 틔워 준 셈이 되었으니 그럼 됐지, 뭐. 난 콜라 사러 간다. (2022)

중딩 봄 패션

02

말을 잘 탄다는
몽골에서 온 그 아이

올해 졸업식도 교실에서 방송으로 조촐하게 진행됐지만 나는 마음으로나마 정갈한 옷을 갖춰 입고 꽃다발을 들고 참석해 진심 어린 축하 박수를 보내고 싶었다. 담임도 맡지 않았건만, 작년에 3학년을 가르치지도 않았건만, 그들의 졸업만으로도 가슴이 벅찬 그런 학생이 셋이나 있기 때문이다.

치명적인 귀여움을 장착한 외모 때문에 도저히 미워할 수 없었지만 온갖 골치 아픈 짓을 도맡아 했던 녀석 하나. 그 아이의 졸업식을 상상하는 것만으로 마음이 뭉클하던, 아픈 손가락, 그 녀석. 그리고 우리 학교를 자그마치 5년 다닌 또 다른 학생도 드디어 졸업을 한다. 학교에 오기 싫어해 학년 말 번번이 하루나 이틀을 남겨 놓고 출석 일수 부족으로 유예 처리가 되곤 하던 그 '형아'는 코로나 시대 원격수업 덕에 집 밖을 거의 나오지 않고도 출석 일수를 채울 수 있었다.

한국어 수업 1호 제자

그리고 오늘의 진짜 주인공인 몽골에서 온 네이구르도 이번에 졸업을 했다. 중1에 입학할 당시 한국어 구사 능력이 초3 정도도 되지 않아 2년 동안 방과 후 수업으로 한국어 수업을 했던 학생이다. 2009년에 취득했지만 원어민 교사에게 '안녕하세요'와 '안녕히 계세요'의 차이를 설파한 이후 개점 휴업이었던 나의 '외국인을 위한 한국어 교사 자격증'을 제대로 활용하게 된 첫 번째 제자이기도 하다.

한국말도 서툴고 친구도 잘 못 사귀던 그 아이를 위해 1학년 어느 국어 수업 시간에 '네이구르와 함께하는 몽골어 수업'을 했다. 학습지에는 교과서 단원에 나오는 단어들을 죽 늘어놓고 한국어와 몽골어를 쓸 칸을 만들어 놓았다. 가령 '새벽을 몽골어로?' 하고 질문을 하면 그 아이가 'YYP' 라고 발음하고 다른 친구들이 따라 하며 학습지를 채우는 식이다. 늘 한국어를 못한다고 교실에서 소외되었던 네이구르였지만 그날만큼은 어려운 몽골어 발음을 따라 하느라 식은땀을 흘리는 친구들 앞에서 당당하게 모국어를 말할 수 있었다.

어느 정도 기본적인 소통이 가능해진 2학년 때는 『이주여성을 위한 한국어』 책을 사서 건네며 주말마다 어머니께 한국어를 가르쳐 드리는 과제를 내 주었다. 사실 과제를 잘하리라는 기대는 없었다. 어머니는 어렵사리 취업을 하셔서 평일에도 늦게 오신다 하고 네이구르도 자신의 과제를 수행하기도 벅차 했으니까.

그런 네이구르를 작년 겨울방학 전에 만났다. 2학년 때 공부하던 교재와 『바늘장군 김돌쇠』, 필기구 세트 등 이런저런 선물을 건네주며 졸업 축하한다고, 고등학교 가서도 건강하게 생활하라는 말을 전하고 마지막 과제로 『행복한 왕자』를 건네며 시간이 나면 어머니 옆에서 소리 내어 읽어 드리라고 했다. 그런데 그때 그가 "선생님, 이제 엄마가 한국말을 잘해요." 그런다. 깜짝 놀라서 "정말? 어떻게? 어디 한국어교실 같은 데 다니셨나?" 했더니 "아니요, 작년에 선생님이 주신 책, 그거로 저랑 공부했어요." 그러는 게 아닌가! 네이구르는 나와의 약속을 지켰던 것이다! 진심으로 아이에게 고마웠다. 그 책이 그냥 책상 한구석에서 역할을 못 하고 꽂혀 있을 거라고 상상했던 스스로가 부끄러울 만큼.

네이구르, 외국에 와서 힘든 일 많았을 텐데 씩씩하게 잘 커 줘서 정말 고맙다. 먼 훗날 널 놀렸던 아이들도, 따라잡기 힘들었던 공부도, 농구할 때 불어오던 바람결에서 느꼈던 몽골 초원에 대한 그리움과 말달리기에 대한 갈증도 다 지나간 추억이 되어 돌아볼 수 있다면 좋겠다. 나의 한국어 제자 1호, 네이구르의 졸업을 진심으로 축하한다. (2021)

03

어떤 학교폭력 이야기 1

1학년 수업을 들어가는데 자꾸 눈에 거슬리는 아이가 있었다. 준이는 수업에 집중하지 못하고 옆의 아이랑 떠들거나 교과서를 안 갖고 오거나 학습지는 늘 잃어버렸다고 하는 등 매시간 지적할 일이 생기는 아이다. 다른 친구에 비해 성장이 느린 거라고, 곧 키가 쑥쑥 자라는 만큼 태도도 어른스러워질 거라고, 이해하며 기다리기로 했다.

하지만 그 아이를 이해하려는 마음을 접게 되는 사건이 벌어졌다. 날씨가 추운 날 어른들도 엄두를 내지 못하는 고가의 롱 패딩을 입고 온 것을 보고 집이 꽤 잘 사는가 보다, 적어도 집이 어려워서 방치되어 제대로 크지 못하는 건 아닌가 보다, 라고 생각했다. 그런데 복도를 감싸 안을 만큼 드넓은 패딩 자락을 휘날리며 활보하던 준이 점퍼도 제대로 입지 않아 몹시도 추워 보이는 어떤 아이 어깨를 툭 치고 지나가는 게 아닌가? 어이없는 표정으로 쳐다보는 친구에게 조용히 가운뎃손가락을 들어 보이며 입 모양으로는 '거지'라고 속삭이면서. 아무리 어린아이 장난이라도 참 불쾌한 행동이 아닐 수 없다.

그는 무엇보다도 그 흔한 '강약약강'의 전형이기도 했다. 교실의 또 다른 말썽꾸러기 앞에서는 친한 척하면서 그 학급에 유독 많았던 기초수급 대상 학생들에게는 허세를 떨기 일쑤였다. 하지만 선생님들 앞에서 '개기지'는 않았다. 거의 매시간 선생님들에게 잔소리를 들을지언정 엄청난 사건을 터트리진 않았으며 그렇다고 상담을 할 만한 심리검사 결과도 나오지 않았다. 묘하게 훈육과 상담의 사각지대에 놓였다고나 할까.

'강약약강' 그 아이, 사랑하기 어려웠다

하지만 3학년이 되어 결국 사건이 터지고 말았다. 준이 1학년 때 어깨를 일부러 치고 갔던 그 아이, 기초수급자였고 누가 봐도 건강도 안 좋아 늘 추워 보이던 그 아이, 훈. 그 아이를 복도에서 보고는 대놓고 '그지 새끼'라고 놀린 것이다.

훈이는 심성이 착한 건지 무기력한 건지 3년 내내 준에게 그런 경멸을 당하고도 주먹 한 번 날리지 않았다. "하지 마라" 하고 한 번 노려보는 게 다이다. 하지만 훈에게는 혁이라는 친구가 있었다. 훈과 혁은 초등학교 때부터 친했다. 둘 다 집은 어려웠지만 성실하고 독서를 좋아해서 수업을 그럭저럭 따라잡곤 했다. 나는 얌전하고 무기력해 보이는 훈이 혁과 어울리는 걸 보며 그나마 다행이라고 생각했다. 혁이는 붙임성도 좋고 에너지가 많은 아이였다. 남 탓을 하거나 억울함

을 토로할 때도 많지만 의협심이 강해서 그런 것일 수도 있는, 그런 아이였다. 바로 그 혁, 준이가 훈이를 '그지 새끼'라고 부르는 장면을 봤다. 혁이는 준에게 다가가 욕을 하며 훈이에게 사과하라고 했다. 준은 이죽거리며 사과는 안 한다고, '거지를 거지라고 불렀을 뿐'이라며 기세등등했다. 둘의 말싸움 끝에 준은 혁에게 주먹을 날렸다.

준에게는 일진까지는 아니지만 몰려다니는 친구들 무리가 있다. 저와 비슷한, 집이 잘살고 공부는 별로 하고 싶어 하지 않는, 욕설이 난무한 유튜브를 즐겨 보고 게임을 많이 하며 친구들을 부를 때 늘 저속한 욕설로 부르는, 패드립과 성적인 농담을 입에 달고 지내지만 무서운 남자 선생님들 앞에서는 "네, 조심하겠습니다, 선생님!"이라고 허리를 90도로 숙이는 그런 아이들이다. 준은 혁에게 '선빵'을 날렸을 뿐 아니라 그 사건 이후에도 복도에서 혁과 훈을 만날 때마다 자기 무리들과 함께 쑥덕거리며 눈빛 테러를 날리곤 했다. 이 사건은 그냥 묻힐 뻔했지만 결국 혁의 신고로 학교폭력으로 접수된다. 준은 오히려 혁도 같이 욕을 하고 때렸다고 항변했다. 혁은 자기도 주먹을 날린 것은 맞기에 그에 합당한 징계를 받겠노라면서, 준은 3년 내내 훈을 괴롭혀 왔고 그때마다 선생님들께 말씀드렸지만 혼날 때만 좀 조심하는 척할 뿐 훈이를 모욕하는 행동을 멈추지 않았다며 자신의 행동을 후회하지 않는다고 했다. 결국 혁은 교내 봉사와 반성문, 준은 사회봉사와 사과문 쓰기 징계를 받았다.

나는 이 이야기를 듣고 적잖이 놀랐다. 아무리 혁이 나름 활발한 학생이라고는 하지만 몰려다니는 세력이 있는 준을 고발하다니, 게다가 자신 역시 학폭의 불명예를 짊어져야 하는데 말이다. 물론 가장 감동적인 것은 평범하게만 보였던 혁이의 의협심이었다. (다들 친구랑 싸우기 바쁜 마당에) 친구를 '위해' 대신 싸워 주다니! (불의를 보면 꾹꾹 참는 세상이건만) 불의를 보고 '못' 참다니! 게다가 (저마다 악당에게 스톡홀름 증후군스러운 친근감과 존경을 자진납세하는 '남중'에서) 악당의 멱살을 잡고 함께 불길로 뛰어드는 무모하고 아름다운 용기를 부리다니! 나는 공평이고 나발이고 교사로서의 균형 잡힌 자세 따위를 잊은 채 악을 악으로 응징한 혁의 행동에 박수를 치고 말았다. 물론 학폭 담당 선생님에게 그 이야기를 전해 들은 뒤 교무실에서 아무도 없을 때, 소심하게, 사알짝, '혁이 만세'를 외치며 말이다…….

친구를 위해 주먹을 날린 소년

학교폭력은 늘 드라마틱하다. 어떤 때는 소설이나 영화보다 더. 나는 청소년 드라마에 등장하는 편파적인(?) 선생처럼 혁을 살짝 불러 『기억전달자』라는 책을 건넸다. 평화로워 보이지만 무감각한, 보이지 않는 폭력의 세상을 과감히 떨치고는 색채와 음악이 넘치는 세상으로 자전거를 타고 달아난 소년의 이야기가 담긴 책. 어쩐지 혁이가 주인공 조너스를 닮은 것 같아서 말이다. 물론 나는 그 사건에 대해서는 단 한 마디도 언급하지 않았지만 그렇게 우리는 복도에서 마주치면 공감의 눈빛을 주고받는다.

준이에게는 미안함을 전한다. 끝까지 너를 사랑하지 못했다. 2년이나 별별 노력을 다했지만 결과적으로 너의 성장을 돕지 못한 나의 무능력도 미안하다. 그래도 네가 쓴 반성문을 보면 이런저런 생각이 많았나 보더라. 어쩌면 너는 스스로를 소중하게 여기지 못해 다른 친구들도 귀히 여기지 못한 건 아니었을까. 학폭의 경험은 쓰라렸겠지만 이것이 '존중'을 배우는 계기가 된다면 좋겠다. 덜 여문 너의 인격과 그걸 품지 못한 나의 인격은 끝끝내 악수를 나누지 못하고 헤어지지만 언젠가는 너도 사람에 대한 예의를 아는 청년으로 자라기를 진심으로 바란다. (2021)

04

어떤 학교폭력 이야기 2

말 그대로 피 튀기는 '폭력적' 학교폭력(학폭) 사안이 발생할 때가 꽤 있다. 사소한 싸움에서 오래 묵은 다툼, 정말 질이 안 좋은 괴롭힘까지. 어른들이 생각할 때 학폭으로 징계를 받으면 아이들이 주눅 들거나 조심할 것 같지만, 착각이다. 요즘은 징계 공고에 학생 이름을 밝히지 않지만 한때는 복도에 학생 이름과 징계 내용이 명백히 공개되던 시절이 있었다. 그런데 이상한 건 당사자들이 별로 부끄러워하지 않았다는 것이다. 행동은 더욱 거칠어지곤 했다. 무기정학이니 퇴학이 있던 시절에도 그런 징계가 학생들의 일탈 행동을 잠재우는 것 같지는 않았다. 사춘기 시절 물불을 가리지 않고 폭력을 행사하는 학생들에게는 '이런 행동을 하면 징계를 먹지 않을까? 그러니까 참자.' 이런 이성적인 헤아림이 없는 듯 보인다. 오히려 징계는 급우들 사이에서 그들이 그 선을 넘을 만큼 대범하고 대단한 사람임을 입증해 주는 증표가 되기도 한다. 그래서 징계가 괘씸함에 대한 벌은 될지언정 교육적으로 행동을 수정하는 효과는 없다고 생각하는 교사도 많다.

징계를 훈장인 줄 아는 아이들

물론 학폭 사건 모두가 별 의미 없이 끝나는 것은 아니다. 오히려 곪은 상처가 터져 치유의 길로 나아가는 일도 있다. 양육자의 잘못된 양육 태도에서 비롯된 마음의 상처가 다른 친구들에 대한 과도한 분노와 폭력적 행동으로 터져 학폭이 열릴 때, 때로는 부모와 자녀, 혹은 양육자들 사이의 묵은 갈등이 함께 터지기도 한다. 이 갈등은 더욱 증폭되어 나쁜 결과로 이어지기도 하지만 '아이가 그토록 힘들어하는 줄 몰랐다.' 혹은 '아이가 이렇게까지 나빠지고 있는 줄 몰랐다.'는 부모의 각성으로 이어지기도 한다. 학생들도 자기 행동으로 괴로워하는 부모를 보면서 더 이상 이렇게 살아가서는 안 되겠다고 반성하기도 한다. 그럴 때는 '비록 학폭을 겪는 게 좋은 일은 아니지만 이 일을 성장의 계기로, 부모와 화해하는 계기로, 자녀의 아픔을 이해하는 계기로 삼아 보자.'는 말을 할 수 있는 것이다. 그렇게 끝나면 그나마 해피엔딩이다.

어느 급식 시간에 일어난 학폭 사건 피해자는 일진처럼 몰려다니며 급식 시간에 새치기를 일삼던 두 아이였다. 그렇다면 그들에게 폭력을 가한 학생은 일진보다 더 센 학생이었을까? 아니, 무기력과 우울, 왕따를 겨울 내내 입은 패딩처럼 뒤집어쓰고 다니던 말 없는 학생이었다. 수업 시간에 늘 엎드려 있다가 갑자기 벌떡 일어나 뜬금없는 발언을 하곤 하던. 바로 그 아이가 새치기를 일삼는 무리들에게 "야, 새치기하지 마!"라고 소리를 질렀다. 일진들은 당연히 평상시 '약해 빠져서 맨날 자빠져 처자'기나 하는 녀석이 감히 시비를 건다고 생각해서 쌍욕을 날리며 무시했다. 그리고 더 앞으로 나아가 더 더 더 새치기를 감행했다. 그러자 이 가해 학생은 몸을 날려 일진 우두머리를 향해 주먹을 날렸다.

때로는 성찰의 계기가 되기도

이 사건으로 열린 학교폭력대책위원회에서 주먹을 날린 학생에게 폭력을 행사한 것에 대한 징계가 내려졌다.(학폭이 교육청으로 이관되기 이전의 일이다) 물론 새치기를 일삼고 먼저 욕설을 날린 아이들에 대한 징계도 있었다. 그런데 놀라운 건, 소위 가해 학생의 변화였다. 늘 엎드려 있던 아이, 친구들에게 말을 걸지 않던 아이, 선생님들과 말할 때 눈을 마주치지 않던 아이가, 달라졌다. 복도에서 마주치면 멀리서도 큰 소리로 인사를 하고 먼저 다가와서 "선생님, 이거 들어 드릴까요?" 하고 말을 건다. 수업 시간에 엎드리는 빈도도 줄었다. 그 아이는 이 사건을 계기로 생각했던 거다. 자기 자신이 누구인가, 나는 어떨 때 어떤 것에 분노하는가, 무엇을 해서는 안 되고 해도 되는가……. 나는 가해 학생을 두둔하는 것이 아니다. 사건은 성찰을 낳는다. 아이들이 싸우지도 않고 다치지도 않고 얌전히 공부만 잘하고 커 주었으면, 하고 모든 어른은 바라지만 그렇게 크는 아이들은 없다. 치명적으로 다치고 범죄적 상황에 놓이지만 않는다면 싸우고 다투고 미워하고 힘들어하고 그러면서도 아이들은 큰다. 그 '어마무시한' 학폭도 어떤 아이들에게는 성장의 계기가 되기도 한다.

하지만 그런 성장도 이해와 상담, 적절한 훈육과 병행될 때 가능한 것이다. 무엇이 힘들었는지 어른들에게 이해받는 시간이 필요하다. 그러기 위해서 징계 전후에 꼭 상담이 이루어져야 한다. 물론 마음의 상처가 있다고 해서 그것을 다른 친구에게 폭력으로 풀어도 되는 것은 아니므로 잘못한 것에 대한 따끔한 훈육은 별개로 필요하다. 사정이 있어서 그랬구나, 하고 '이해'하는 것과 덮고 넘어가는 건 다른 문제다. 저 녀석은 글러 먹었다고, 다음에도 또 저럴 거라고 방치해도 안 되며 못된 짓을 했으니까 너도 한번 당해 봐야 한다는 폭력적 대갚음은 더더욱 안 된다. 어른들은 가끔 잘못한 아이에게 화를 내거나 짜증을 부리는 것, 무시하고 욕하고 때리는 것을 '훈육'이라고 착각한다.

요즘 학폭 사안이 진행되는 것을 보고 있노라면 '다같이 죽자'는 건가 싶을 때가 많다. 학부모의 편파 시비와 고소 협박이 난무하다 보니 학교와 교육청은 교육적 조처보다 규정과 절차에 따른 건조한 사안 처리에만 급급하다. 처음에는 작은 사건으로 시작해도 학부모 간에 쌍방의 신고와 고소, 고

말리지 마라

발로 이어지며 '아이 싸움이 어른 싸움'으로 번지는 경우도 많다. '법대로'의 부작용이다. 학생들은 작은 오해가 생겨도 117(학교폭력 신고 전화)에 전화를 거니 툭하면 스쿨 폴리스가 학교에 온다. 학폭 담당 교사는 학부모와 학생의 잦은 고소, 신고 위협과 합의 때문에 매뉴얼대로 기계적으로 학부모와 학생에게 관련 규정과 과정을 전할 뿐 이 과정에서 훈육과 훈계를 하지 못한다. 어쩌다 이렇게 되었을까. 이게 과연 아이들의 성장에 도움이 될까?

상담, 댓글 일기 쓰기, 그리고 부모님의 편지

내가 근무하는 상담실에서 예전에 징계 중인 가해 학생에게 일기를 쓰게 한 적이 있다. 반성문이 아니라 그냥 학교에서 있었던 사소한 일을 적어도 되는 그런 일기를 써서 담임 선생님, 상담사, 작년 담임 선생님, 학생이 좋아하는 교과 선생님 등에게 답장을 받아 오게 했다. 일기장을 들고 선생님을 찾아가 만나는 시간을 통해 어른들이 자기를 걱정하고 있다는 것을 알고 관심받는 느낌을 경험하는 시간이 되도록.

가정에서도 양육자, 특히 가능하면 '아버지'에게 아들과 진지하게 대화를 나누는 시간을 가져 보시라 권했다. 단둘이 치킨을 먹으러 가든 등산을 가든 공원 산책을 하든, 정식으로 대화의 시간을 갖는 것이다. 이 과정에서 양육자가 자녀에게 편지를 써서 건네면 더 좋겠다. 학폭의 아픔을 아이들과 어른들 사이 대화의 시간으로 바꿀 수 있다면 징계보다 훨씬 효과적이고 지혜로운 처방이 될 것이다. (2022)

투덜이 웅이가 기특한 진짜 이유

    화요일 4교시 2학년 6반 국어시간. 밝은 목소리로 "얘들아, 안뇽~" 인사를 하고 들어가는데 웅이가 한숨을 쉬며 "아휴, 또 국어야." 한다. 기분이 살짝 나쁘지만 "웅이는 국어가 싫구나? 그래도 나 듣는 데서 그러지 마. 국어는 늬들끼리 있을 때만 몰래 싫어하는 걸로~." 하고 가볍게 응수한다.

    웅이는 늘 부정적인 말을 입에 달고 산다. 가령 "자, 오늘은 고전소설의 특징을 배울 건데요," 그러면 "그걸 언제 다 외워요?" 그런다. "외우지 않아도 돼요. 재미있게 듣다 보면 저절로 외워질걸?" 해도 "결국 외우라는 거잖아요." 이런 식이다. "선생님이 재미있는 책 초3 수준부터 고2 수준까지 엄선된 책으루다 '50권'을 가지고 왔어요. 여기 있는 책들 내가 직접 읽어 봤는데 다~ 재미있어, 이거. 골라, 골라~!" 이렇게 약장수처럼 너스레를 떨며 독서수업을 할 때도 웅이는 이 책 저 책 뒤적이며 "이건 너무 두꺼워요. 이건 1학년 때 보다가 재미없어서 포기했어요. 아, 이건 외국책이네? 이건 유치해요. 샘, 저 뭐 읽어요? 읽을 게 없어요." 한다. 헐~.

토론 수업을 위해 주장글을 쓰라고 하니 웅이는 "이거 국어 잘하는 애들한테만 유리한 거잖아요." 한다.

"모든 과목이 그렇지, 뭐. 수학 잘하는 애들은 수학 시간이 유리한 거고……."

"아, 너무 불공평해요."

"너의 생각을 쓰는 거니까 생각이 없어서 글을 못 쓰는 건 아니라서 불리할 거 없지."

"생각이… 하기 싫다고요."

"……(어쩌라는 거냐……)"

일단 들어 주기

그 수업을 마치고 웅이를 불렀다. 진지한 표정으로 손을 맞잡고 두 눈을 한참 들여다봤다. 어색한지 몸을 배배 꼬면서도 손을 빼진 않는다. 나는 진심을 다해 다음과 같이 말했다. "선생님이 가만히 보니까 웅이가 부정적인 말을 많이 해. 한

숨도 자주 쉬고. 근데 국어수업 시작 전에 그런 행동이나 말을 먼저 하면 너 자신이 국어가 '쪼끔' 싫었다가도 더 '많~이' 싫어하게 되지 않을까?" 웅이는 야단을 맞는다고 생각해서 그런지 조용히 듣기만 하다가 풀 죽은 목소리로 "자꾸 부정적인 생각이 드는 걸요." 그런다.

"예를 들면 어떤? 네 머릿속에 제일 많이 떠오르는 생각이 뭐야?"

"시험이요."

"시험? 너 중학교 와서 지금까지 시험 한 번밖에 안 봤잖아?(중1에는 자유학년제로 시험을 안 봤다)"

"그걸 망했다구요."

"아, 기말고사가 다가오니까 중간고사의 아픔이 자꾸 떠오르는구나? 기말고사까지는 아직 시간 많은데?"

"전 글렀어요. 이제 공부를 열심히 한다고 성적이 잘 나올 리 없어요."

"아냐, 넌 늦지 않았어.(이런 뻔한 말이라니. 하지만 난 너무 진심임)"

"샘, 지난번에 제가 역사 얼마 받았는지 아세요?"

"몇 점인데?"

"34점 받았다구요!"

"야, 난 고등학교 때 화학 몇 점 받았는 줄 아냐?"

"몇 점 받으셨는데요?"

"12점."

"에휴, 전 수학 수행 10점 받았어요."

"…….(뭐냐, 너 나랑 경쟁하냐?)"

그렇게 수다를 떨다가 그만 쉬는 시간 10분이 훌쩍 갔다. 이 아이의 부정적인 생각을 어떻게 없애지? 책을 건네줄까? 상담을 권할까? 마음에 패배의 그늘이 짙게 드리운 아이에게 그런 접근이 오히려 거부감을 줄 수도 있는데 어떻게 해야 할지 마음이 무겁다. 그런데 다음 시간, 웅이가 자기 활동지를 내러 나와서 "와, 정말 힘들었어요." 이러더니 안 가고 옆에 서 있는 거다. "그렇게 말하는 거 보니 열심히 했구나."

했더니 "열심히 하긴 했죠." 그러면서 다른 아이들 수행지도 들여다보고 내가 서류 정리하는 것도 도와준다. 웅이는 부정적인 생각을 다 떨치지는 못했을지 몰라도 지난 쉬는 시간 나랑 수다 떨었던 게 싫지 않았던 거다. 그는 자기 이야기를 들어 줄 사람이 필요했던 것이다. 그래, 이거다!

몇 년 전 중3 담임을 할 때 오랜 기간 왕따를 당해 오던 아이와 '매일 수다 종례'를 했던 적이 있다. 학급종례를 마치고 난 후 단 몇 초라도 나와 함께 그날 있었던 이야기들을 더 나누고 가게 했다. 매일 담임 선생님과 대화를 나누는 모습을 보면 다른 아이들이 괴롭히지 않을 것 같았고 너무 내성적이어서 의사표현을 잘 못하는 아이에게 실컷 말할 기회를 주고 싶기도 했다.

투덜거려도 괜찮아

웅이와도 매번 수업을 마치고 나면 단 몇 마디라도 '긍정적인 말' 나누기를 해 보련다. 일주일에 두 시간밖에 못 만나지만 끝날 때마다 '웅아, 오늘은 기분이 어때? 넌 눈이 참 예쁘구나, 오늘은 무슨 수업이 제일 재미있었어?' 라고 물어봐야지. '오늘도 꿀꿀해요, 제 눈이 뭐가 예뻐요? 수업 다 재미없었어요…….' 말은 그렇게 하면서도 아이는 사소한 거라도 샘한테 말할 거 뭐 더 없을까, 생각하겠지? '체육 했는데 너무 더웠어요. 수학 시간에 졸렸어요…….' 투덜거리다가도 '오늘도 국어가 어려웠니? 선생님 이거 좀 도와줄래?' 하고 물으면 '뭐, 네… 그래도 필기는 열심히 했어요… 샘 도와달라구요? 아휴, 알았어요.' 할 것이다. 그런 날들이 쌓이다가 늦은 가을쯤 되면 웅이랑 나는 꽤 많이 친해져 있을 거다.

웅이는 상위권에서 부모의 닦달과 학업 스트레스에 시달리며 마음이 메말라 가는 아이도, 어려운 가정에서 폭력과 방임과 학대에 노출된 채 살아가는 아이도 아니다. 그런데도 웅이가 마음에 걸렸던 것은 오히려 그 아이가 '평범한 아이'이기 때문이다. 성적도 중간에서 오르락내리락 하는 정도고 가정적으로도 별 문제가 없어 보이는 보통의 중학생. 그래서 더 마음이 쓰인다. 그리고 웅이 같은 아이들이 점점 늘고 있다는 것도 걱정이다. 그나마 그는 투덜거리면서라도 어른들에게 자기가 힘들다는 신호라도 보내지, 그래서 하다못해 야단을 맞더라도 선생님들과 대화를 나눌 기회도 생기고 관심이라도 받지, 얼마나 많은 아이가 교실에 있는 둥 없는 둥 우울의 비눗방울 속에 자기를 가두고 하루하루를 살아가는지 모른다.

아이들이 아무리 자기를 감추려 애써도 그걸 알아봐 주는 게 어른들이 할 일이고 교사의 능력이 발휘되어야 할 영역일 테지만 그게 참 어려운 일이기도 하다. 관심 더듬이를 한껏 늘려도 그 아픈 아이들을 다 감지하지 못하는 게 늘 안타깝다. 그것이 웅이가 투덜거려서 고맙고 기특한 진짜 이유다. (2021)

06

모두에게 왕관을

학기 초 아이들은 참 예쁘다. 어떻게든 새롭게 시작하려는 의지가 저 어린 친구들에게서도 보인다. 선생님에게도, 친구들에게도 좋은 모습을 보이고 싶어 하고 무엇보다도 자기 자신에게 부끄럽지 않은 사람이 되려고 노력한다. 새봄의 아이들만 같다면 1년 내내 교단에서 지치지 않을 수 있을 것 같다.

그 예쁜 낙서는 누가 남겼을까

재작년(2013년)에는 교실 뒤에 커다란 벽화를 그렸다. 교실 뒤에는 가로 360cm, 세로 120cm의 큰 칠판이 있다. 오래되어 지저분해진 칠판에 커다란 초록색 부직포 그림을 그려 붙였다. 오래전에도 마르크 샤갈 그림과 장욱진의 그림을 그렸고

재작년에는 셸 실버스타인의 『아낌없이 주는 나무』를 그렸다. 크레파스로 그림을 그리면 마니에르 기법 같기도 하고 파스텔 그림 같기도 한 시원하고 아름다운 질감의 그림이 나온다. 게다가 반 아이들이 직접 그리는 것이라 1년 내내 아이들이 귀하게 여긴다. 그림을 완성해 칠판에 붙이고는 그 옆에 원화의 사진과 더불어 그림 그리기에 참여한 아이들 이름도 붙여 주었다.

글자 위에 작은 그림이 붙어 있는 예쁜 글꼴을 찾아 이름을 타이핑하다 보니 유독 한 아이 이름 한 글자 위에만 왕관 그림이 떠 있게 되었다. 특정 글자에만 왕관 모양이 나오는 폰트였다. 그걸 붙여 두고 며칠 되지 않은 어느 날, 청소를 마치고 아이들이 모두 돌아가고 난 빈 교실에서 그 이름표에 낙서가 되어 있는 것을 발견했다. 장난꾸러기들이 친구 이름이나 사진 얼굴에 눈도 뻥 뚫어 놓고 옆에 이상한 말도 적어 놓는 일이 많은지라 누가 또 벌써 그런 짓을 했나 하고 가까이 가서 보았다. 그랬더니! 누군가 연필로, 그림 그린 아이들 이름마다 다 왕관을 그려 놓은 것이었다. 그리고 1년 내내 그 이름표는 일곱 개의 왕관을 달고 교실 뒤에 붙어 있었다. 모든 친구 이름에 소박한 왕관을 씌워 준 그 예쁜 낙서는 벽화와 더불어 그렇게 고스란히 우리 교실 뒤 칠판을 일 년 내내 지켜

쉘 실버스타인 <아낌없이 주는 나무> 벽화로 다시 그리다

강맑음   유반짝   히튼튼

장훌륭   청빛남

방똑똑   원멋짐

낙서 금지

주었다.

"매일 학급 청소하겠다" 공약 지킨 그 아이

학급 임원 선거에서는 가끔 황당한 일이 일어난다. 일짱,
이짱이 권력다툼을 벌이는 장이 되기도 하고 웃기는 친구를

뽑으려 드는 일도 가끔 있다. 하지만 선거유세에서 깔깔거리고 웃는다고 해도 막상 투표에 돌입하면 한없이 냉철해지기도 한다.

지난해(2014년) 회장은 친구들의 신망이 높은 진지한 아이였는데 자기가 회장이 되면 매일 학급 청소를 하겠다고 공약을 내세웠다. 허튼소리를 할 아이는 아니었지만 회장이 될 욕심에 내놓은 공약空約이 될 가능성이 높아 좀 걱정이 되었다. 하여간 회장에 당선된 그 아이, 회장 임기 첫날 아이들과 같이 청소를 한다. 며칠이나 갈까 했는데 웬걸, 그 아이는 정말 매일 남아서 청소를 했다. 언젠가 청소할 인원이 꽤 많아 오늘은 그냥 가도 된다고 말한 날을 포함해 2학년을 마치는 마지막 날까지도 청소를 했다. 역사에 관심이 많다던 그 아이는 이다음에 커서 좋은 정치인이 되고 싶다고 말했다. 나는 진심을 다해 그 아이에게 "꼭 멋진 정치인이 돼라"고 말했다.

친구가 힘들 때 함께해 준 아이들

좀 오래전이지만 2학년이었던 우리 반에 'A4'라는 그룹이 있었다. 어디나 아이들이 친한 친구들끼리 몰려다니는 양상은 있게 마련이다. 'A4'는 '꽃미남'이라는 말이 만들어지기도 전에 자신들이 네 명의 미남 모임이라고 그런 이름을 붙였다고 주장했다. 다행히 그 약간은 반어법적인 명명命名 덕에 우리는 별 긴장감 없이 그들을 반 아이들에게 즐거움을 주는 존재로서 인정할 수 있었다.

그런데 며칠 후 'A4'에 필적하는 아이들 무리가 생겼으니 그 이름은 '전도모'. 학교 부근 대학교에 몰려가 오후마다 농구를 하던 중 전00이라는 아이가 책가방을 잃어버린 사건이 벌어졌단다. 같이 농구를 했던 아이들이 중심이 되어 그 아이를 돕는 모임을 만들었다. 이름하여 '전00을 도와주는 모임'이라나. 아이들은 조금씩 용돈을 모으며 수시로 내게 와서 '가방 마련 기금'이 모이는 현황을 보고했고 결국 가방 분실 사건으로부터 한참이 지난 후 전00은 친구들 덕에 번듯한 새 책가방을 마련할 수 있었다.

아이들이 한 '예쁜 짓'이라는 게 거창할 것도 없어서 쓰는 내가 쑥스럽기도 하다. 당연한 행동이 예뻐 보이는 것은 그만큼 아이들 삶이 피폐하다는 뜻도 된다. 아이들의 작은 몸짓에 과하게 감동하기도 하는 이 초라한 교사는 그래도 새봄같이 싱싱하게 펄떡이는 아이들이 있어서 행복하다. (2015)

07

뜨개질도 좋고
순정만화도 괜찮아

한참 전이지만 가르치던 아이 중에 순정만화를 즐겨 보던 남학생이 있었다. 하도 얌전해서 있는지조차 몰랐던 그 아이가 순정만화를 좋아하는 줄 알게 된 것은 학기 말 수업 때였다. 학기 말은 수업도 어영부영, 아이들 태도도 흐지부지한 경우가 많은지라 곤혹스러운 시기이기도 하다. 하지만 뒤집어 생각하면 학기 중에 시간이 없어서 미처 하지 못했던 공부를 할 수 있는 좋은 시기이기도 하다. 교과서 진도를 다 마치고 난 뒤 만화 수업을 해 보았다. 1년 생활을 만화로 그려 보기도 하고 요즘 청소년들이 즐겨 보는 만화가 무엇인지 설문조사를 한 후 토론도 가능하다. 요즘은 종이책보다는 웹툰으로 만화를 접하니 웹툰 평론 쓰기를 하기도 한다.

그렇게 진행한 학기 말 만화 수업. 그중 한 시간은 자기가 좋아하는 만화책을 가져와서 읽고 좋아하는 만화의 경향을 분석하는 시간이었다. 그때 순정만화를 잔뜩 가져와서 읽는 아이가 하나 있었다. 친구들은 모두 계집애 같다고 그 아이를 놀려댔지만 나는 그것을 계기로 아이와 대화를 나눌 수 있었다. 자기는 열광적으로 순정만화를 좋아한다고, 아이들이 놀려도 부끄럽게 생각하지 않는다고 했다. 남들과는 다른 취향 때문에 외로울 수도 있겠지만 그것이 오히려 아이의 창

너 하고 싶은 거 다 —— 해

의력을 키워 줄 수도 있을 터이다. 자기가 좋아하는 만화에 대해 분석도 하고 이런저런 의견도 들려주는 모습에서 만화 평론가로의 발전 가능성도 보았다. 교실에서는 있는 둥 마는 둥 한 아이였는지 모르지만 머지않은 장래에 자기가 좋아하는 분야에서 전문가가 될 수도 있는 일이다.

또한 그런 편견을 건강하게 극복하는 아이들도 있다. 언젠가 중3 담임을 할 때 보았던 재미난 장면이 생각난다. 우리 반에는 독창적이고 예술적 감수성이 뛰어난 두 아이가 있었다. 둘 다 시집이나 학급신문 만들기 등 미적 감각을 발휘해야 하는 수행평가에서 발군의 실력을 발휘했다. 학급 친구들과 함께 쓰는 일기도 멋진 글씨와 감성적인 내용으로 열심히 썼다. 쉬는 시간에는 자주 음악을 듣거나 아이들과 함께 노래를 부르기도 했다. 종알종알 수다도 잘 떨고 다정다감해서 그런지 아이들은 그 둘을 계집애 같다고 놀렸다. 그러거나 말거나 두 아이는 다양한 아이디어와 기발한 발상으로 하루하루를 즐겁게 지내 바라보는 사람들까지 즐겁게 만들었다.

각자의 취향 존중하는 세상이 되기를

중3 모든 시험이 끝나고 졸업을 앞둔 12월 겨울, 수업 진도가 다 나간 교과의 선생님들이 자유시간을 주면 아이들이 한

가하게 책도 읽고 고등학교 공부도 하곤 했다. 그때 그 두 아이는 당당하게 뜨개질로 목도리를 만들고 있었다. 처음에는 몇몇 아이들이 뭐 하는 짓이냐고 비아냥거리기도 했지만 그 아이들은 "뭐 어때? 얼마나 재미있는데! 너네도 해 보고 싶은 거 참지 말고 한번 해 보지 않을래? 우리가 가르쳐 줄게~"라며 오히려 당당했다. 그렇게 며칠이 지나자 정말 어떤 아이들은 뜨개질을 배우러 오기도 하고 또 다른 아이들은 목도리를 목에 둘러도 보고 하더니 종내는 그 두 아이가 교실의 한 풍경이 되도록 자연스럽게 놓아두게 되었다. 그들의 취향을 인정한 이후 교실 여기저기에서는 다양한 취미 생활을 하는 아이들의 모습이 눈에 띄었다.

스스로 완성한 알록달록한 목도리를 제각기 두르고 겨울 야외 체험활동 장소에 나타나 우리를 더욱 즐겁게 해 준 그 둘의 당당함 덕에 우리 학급은 개성이 살아 숨 쉬는 반이 되었다. 교실은 사회의 축소판이다. 각자의 취향을 존중하지 않는 경직된 우리 사회의 모습이 우리 아이들 사이에서도 많이 보인다. 그것들이 하나하나 깨져 나가고 다양한 취향과 삶의 태도를 있는 그대로 받아들일 수 있는 세상이 되면 좋겠다. 저 아이들처럼 당당하게 그것을 이루어 가는 사람이 많아지면 좋겠다. (2014)

08

친구 사귀는 것도 용기가 필요해

학기 초 우리 반에 눈에 띄는 아이가 한 명 있었다. 덩치가 작고 얼굴도 선하게 생겨서인지 지난 학년에도 주변 아이들로부터 끊임없이 무시와 괴롭힘을 당했던 아이다. 어떤 괴롭힘은 때로는 매우 교묘해서 잘못된 행동을 딱 집어내기 어려울 때가 있다.

지속적으로 수년에 걸쳐 따돌림을 당하는 아이가 있는가 하면 학급 분위기에 따라 가해자와 피해자가 뒤죽박죽되어 서로 돌아가면서 왕따시키는 현상이 나타나기도 한다. 교사들이 가장 해결하기 어려운 것 중 하나가 왕따 문제다. 하지만 왕따를 오래 당해 온 아이들은 다음 해에도 또 그럴 확률이 높고 그 상처가 워낙 깊어 어른이 되어도 쉽게 사라지지 않기 때문에, 이 문제는 무슨 일이 있어도 극복해야 한다.

"네가 예전에 아이들에게 괴롭힘당하는 모습을 많이 보았다. 올해는 나와 함께 거기서 탈출하자. 나는 최선을 다해 너를 돕겠지만, 솔직히 네가 노력하지 않으면 실패한다. 함께 노력해 볼까? 일단, 너, 졸업하는 날까지 매일 종례 시간에 나랑 수다 떨고 가자."

혹시 괴롭히는 아이들이 있으면 그걸 이야기할 통로를 마련할 요량이기도 했고, 매일 담임과 이야기하는 모습을 보면

격변의 中 2

88

다른 아이들이 조심하기도 할 것이라는 생각에서 그렇게 하자고 했다. 그냥 오늘 학교 생활은 어땠는지, 점심은 뭘 먹었는지, 수업 시간에 뭘 배웠는지, 어떤 주제라도 수다 떨 듯 편안히 이야기하게 만들고도 싶었다. 그렇게 시작된 우리의 수다는 방학하는 날까지도 계속되었다.

하지만 그렇게 착하고 성실한 그 아이가 내게 혼난 일이 한 번 있다. 보통 모둠을 짤 때면 아이 대부분은 누가 오라고 부르지 않아도 쑥스러워하지 않고 먼저 일어나 "나랑 같이 해" "나도 너희 모둠 끼워 줘" 하며 모둠을 만들어 간다. 하지만 그 아이는 가만히 앉아 있기만 했다. 지켜보던 내가 "ㅇㅇ이는 어느 모둠으로 갈래?" 하고 물어도 그 아이는 곤혹스러워하며 대답을 못 했다. 우리 반 아이들은 그를 배척하거나 괴롭히지는 않았지만 그렇다고 스스로 다가오지 않는 아이를 끌어가지는 않았다.

물론 그렇게 된 것이 온전히 그 아이의 잘못은 아니다. 천성이 조용해 주로 거칠고 시끌벅적한 남자아이들 세계에 적응하기 힘든 면이 있을 것이고, 또 왕따를 당해 온 오랜 시간이 아이를 더욱 위축시켰으리라는 것을 충분히 이해한다. 그러나 가만히 앉아만 있는 아이를 바라보는 마음은 솔직히 괴로웠다. 조금만 더 용기를 내 주었으면, 하는 생각과 지난 몇 달 동안 아이를 북돋웠던 것들이 하나도 소용이 없었나 싶어 속상하기도 했다. 다행히 어떤 친구 하나가 자기 옆 의자를 가리키며 "OO야, 이리 와!" 하고 불러 주는 바람에 사태가 일단락되긴 했지만 말이다.

"살아가는 일은 다 용기가 필요하다"

나는 그때 처음으로 그 아이를 야단쳤다. "살아가는 일은 다 용기가 필요하다. 선생님인 나도 매일매일 교단에 서서 너희를 만날 때 용기를 낸다. 너에게는 친구에게 먼저 다가가고 이야기를 거는 일이 크게 용기가 필요한 일인 줄 잘 안다. 하지만 언제까지 자신 없다고 기다리기만 할 거냐. 네 인생인데……. 너를 마음에 들어하고 사귀고 싶어 하는 친구들도 네가 자기를 싫어할지 모르기 때문에 다가오기를 망설일지도 모르지 않느냐"라고.

그러던 11월 어느 날, 내가 다른 반 수업을 마치고 나오는데 아이가 문 앞에 서 있었다. 내게 할 말이 있어 기다렸나 싶었는데 "친구랑 같이 밥 먹으려고 기다리고 있어요~" 한다. 평소 친하게 지내고 싶었던 다른 반 친구를 기다렸다가 같이 점심을 먹자고 말하려 온 것이란다. 아니, 이 수줍음 많은 아이가 먼저 친구에게 말을 걸다니! 그 이후에는 자기 청소 시간이 아닌데도 다른 모둠의 청소를 돕는 그의 모습을 보았다. 그 아이가 기다린 친구는 평소에 아이들의 짓궂은 장난으로부터 보이지 않는 바람막이가 되어 주었던 아이다. 아이의 작은 변화에는 이렇게 스스로의 노력과 더불어 친구들의 도움도 있었다.

청소를 마치고 어깨동무를 하며 함께 하교하는 두 아이의 키가 엇비슷하다. 어느새 키도 부쩍 자랐구나……. 아이들의 성장은 묘한 감동을 준다. 나는 조금 마른 그 아이의 등에서 작고 여린 새가 가냘픈 날개를 펴고 어떻게든 세상으로 날아오르려 애쓰는 모습을 보았다. (2014)

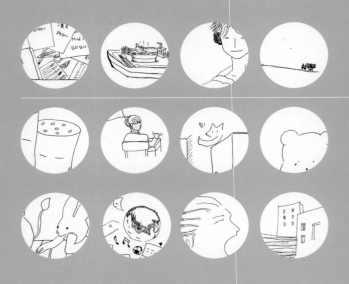

3부

요즘 중딩이
뭐 어떻다고요?

01

급식실 이야기 1

코로나는 정녕 끝나 가는 걸까? 아직 당분간 마스크를 쓰고 수업을 해야 할 것이고, 코로나보다 더 무서운 바이러스가 올 수 있다는 뉴스는 속편이 예고된 공포영화 1탄을 보고 나온 찜찜함을 남기는 시절이지만 이제는 그리운 추억이 돼 버린, 코로나 전 '비교적' 평화로웠던 급식 이야기를 써 보려한다.

비교적 '평화로운' 남학교 점심시간

우리 학교는 남고와 남중이 붙어 있고 급식실도 같이 쓴다. 고등학교 점심은 12시에 시작하고 그들이 식사를 마친 12시 30분이 되면 중학생들이 점심을 먹는다. 일주일 단위로 3학년-2학년-1학년, 혹은 2-1-3, 1-2-3 이렇게 순서를 정해 식사한다. 자기 학년이 두 번째쯤 되면 5분이나 10분쯤 운동장에서 놀다가 급식 줄에 선다. 배식을 받아 자리에 앉을 땐 무조건 구석 자리부터 채워 앉는다. 아무 데나 친한 친구들과 앉아서 먹으면 좋겠지만, 시간도 공간도 부족한 탓이다. 안으로 들어가는 골목이 너무 비좁아서 채워 앉지 않으면 나중에 온 학생들이 낭패를 본다. 그래서 학생회 학생들과 급식 지도 교사들은 주로 앉을 자리를 안내하고, 일어날 때 의자를 넣고 나오도록 지도한다. 5교시에 체육이 있는 학생들은 알아서 미리미리 체육복 갈아입고 식사 마치자마자 점심시간부터 쭉 이어서 운동장을 독차지할 준비를 해 온다. 아무 생각 없이 엄벙덤벙한 것 같아도 학생들은 '다 계획이 있다.'

가장 평화로운 날에도 어김없이 어디선가 새치기는 일어난다. 어떨 때는 급식지도 교사도 헷갈릴 때가 있다. "어? 너 저 뒤에 서 있지 않았나?" 그러면 "저 배식 담당이에요"라든가 "공 갖다 놓고 올게요" 이런 아리송한 거짓말을 하기도 한다. 나의 경험상 학생들이 거짓말을 하는지 헷갈릴 때는 그들의 말을 믿는 게 낫다. 변명과 거짓말을 모으면 너무 많아서 그 모든 진실을 밝혀낼 수가 없기도 하거니와 때로는 슬쩍 넘어가 주는 게 지혜로운 일일 때도 있다.

하지만 명백히, 거듭, 새치기가 자행되는 현장을 목격했을 때, 특히 많은 학생이 동시에 목격했을 때는 가차 없이, 가혹하게 "맨 뒤로 가!"를 외칠 수밖에 없다. 맨 뒤에서 다시 나와 눈이 마주치는 현장까지 왔을 때, 줄에서 멀어질 때까지 수준에 맞는 훈육을 하는 것도 잊지 말아야 한다. 학생이 부끄러워하고 죄송한 눈빛을 하면 "자네도 부끄럽지? 이런 건 장난이라고 생각하면 안 돼. 다시 안 그러면 된다." 하며 등짝 한 번 두드려 주고(유격 조절을 잘해야 한다. 격려의 두드림과 훈육의 스매싱은 타격력이 결정하므로) "밥 맛있게 먹어라!" 하면 대부분 찜찜함 없이 해프닝으로 끝난다.

친구나 후배를 협박했거나 상습적으로 하는 새치기 등 죄질이 좋지 않은 행동은 면담 예약으로 이어진다. "돌쇠 군, 점심 다 먹고 1시 15분에 2층 교무실 앞으로 와라." 그 면담이 5분으로 끝날지 5교시 시작 전 복도에 서서 담임 선생님이나 학생부 선생님께로 인계되는 훈육으로 끝날지 역시 돌쇠 군 태도에 달렸다. 이 정도만 해도 평화로운 급식 시간이다.

교사를 체하게 만든 어느 급식 시간

지금은 졸업한 학생 중에 마음이 좀 아픈 학생이 있었다. 장애가 있다 해도 친구들과 잘 어우러지며 지내는 경우가

봄, 숙제 수행 말고

대부분이지만, 수현이는 피해의식이 크고 방어적 공격도 잦아서 그랬는지 친구들과 다툼이 많았다. 때론 그 아이가 참고 대부분은 주변 친구들이 참았지만, 오해와 돌출행동을 완전히 막을 수는 없어 졸업 전까지 수많은 갈등과 훈육, 다툼,

학폭 사안들이 있던 학생이다.

중1 때 컴퓨터실에서 심리검사를 하던 도중 몰래 게임을 내려받다가 그걸 말리는 나에게 돌려 차기를 해서 그 발에 내 손을 맞았던 일이 있다. 이 문장을 바꿔 쓰면 '나를 발로 찬 그 학생'이 된다. 나는 내가 순발력 있게 잘 피해서 수현이를 '선생 때린 학생'으로 만들지 않았다고 스스로 칭찬하는 바이다.

어쨌든 그날도 수현이가 앉은 자리가 자꾸 신경이 쓰일 수밖에 없었다. 무심한 척했으나 온몸의 신경돌기를 그 녀석에게 향하고 있는데 아니나 다를까 얌전하게 밥을 잘 먹던 그가 갑자기 큰 소리로 "이 초코 우유 마실 사람?" 하고 외친다. 간식으로 나온 초코 우유를 높이 들고. 개구쟁이들이 가만히 있을 리가. 한 학년 위의 학생들 한 무리가 '나, 나, 나~!' 하고 손을 들고 술렁이기 시작했다. 수현이는 뭐랄까, 자신이 무대의 주인공이 되었다는 걸 깨달았다. 벌떡 일어나 잔 다르크처럼 우유갑을 높이 들고 "자, 그럼 내가 퀴즈를 낼게, 맞히는 사람이 이거 먹는 거다!" 감히 선배들에게 반말하며 급식실을 콘서트장으로 만들고 있었다.

솔직히 말하면 나는 이 정도 해프닝은 인생의 조미료라고 생각하는 사람이다. 나 역시 고교 시절, 만우절 수업 종 치고 전교생이 다 같이 노래를 부르는 이벤트에 동참해 본 일이 있는(갑자기 내가 학교 선생이 된 건 그때 내가 저지른 도발의 업보가 아닐까 하는 생각이 든다) 자유영혼으로서 이 장면이 몹시 재미있었고, 다음이 궁금해졌다. 수현이가 어떤 퀴즈 문제를 낼지, 누가 그 초코 우유를 가져갈지도 궁금했다.

여기까지는 관찰자의 입장. 하지만 현실 속 나는 급식 지도 교사다. 평화롭게 장학퀴즈가 끝날 리 없다. 헐리우드 틴에이저 영화에 자주 나오는 '햄버거가 날아다니는 점심시간'까지는 아니더라도 학생들은 일어나고 웃고 소리 지르고 한바탕 소동이 일어나겠지, 라고 예측을 시작하자마자 멀리 앉은 학생들을 포함하여 일고여덟 학생들이 자리에서 일어나 수현이 쪽으로 몸을 기울이는 장면을 봐야 했다. 나는 단전에서 우러나오는 중저음의 깊은 목소리로 우렁차게 소리쳤다. "다들 앉아! 수현이 그만!"

착한 녀석들. 고함 두 번 듣고 다들 자리에 앉아 준 건 나 때문이 아니라 저쪽에서 급식지도를 하고 있던 홍마샘('홍OO샘 악마'의 줄임말) 혹은 급식실 밖에서 새치기 지도를 하던 키 190센티미터의 박OO 선생님 때문이었을지도 모른다. 난 그냥 '내 말씀 한마디로도 말 잘 듣는 착한 우리 학교 학생들'이라고 생각하기로 하며 흐뭇해한다. 어쩌면 별일 아닌 시

시한 일일 수 있지만, 늘 만일에 대비하며 더듬이를 세우는 급식지도 교사에게는 가슴 쫄깃한 사건이 아닐 수 없었다.

　수현아, 너 그날 좀 멋있었어. 하지만 학생들 모두 밥을 먹고 난 후 급식지도 교사들과 함께 늦은 점심을 한 나는, 좀 얹혔단다. 보건실 가서 까스 활0수 먹었잖아. (2022)

02

급식실 이야기 2

중2 남자아이, 하면 사람들이 떠올리는 이미지 대부분은 절반은 맞고 절반은 틀리다. 심지어 자기 아들이 중2인 분들이 떠올리는 이미지도 그러하다. 뉴스에서 본 모습과 다른 이들이 한 이야기를 종합하여 아들의 학교 생활을 상상해 보며 공포를 느끼고 환멸을 맛본다. 어쩌다 보니 나는 여기저기에 글로써 그들의 실체를 알려 주는 사람이 되었다. 부디 세상과 중2 남학생들과의 불화를 조금이나마 해소하는 데 일조하고 있기를.

위에 중2 남학생의 '실체'를 알려 드린다고 써 놓았지만 내가 아는 게 과연 그들의 실체가 맞는지, 나도 모르게 편견이 작동하여 사실을 왜곡할지도 모른다는 두려움이 갑자기

엄습한다. 나도 나를 모르는데 금성에서 온 내가 화성에서 온 그들을, 게다가 세대 차이를 뛰어넘어 잘 설명할 수 있을까? 무엇보다도 한때는 콩깍지가 씌어 애들이 천사인 줄 알고 수십 년을 살다가 점점 '이누무시키들'을 입에 달고 살게 된 내가 애증의 그들을 과연 객관적으로 묘사, 설명, 논증할 수 있을까. 그럼 다시, 그들의 실체를 까발리는 건 됐고, 이제는 지구에서 거의 존재가 사라져 가는(서울 시내 대부분의 공립 중학교는 남녀 공학이다) 남중의 생활을 본 것만, 그중 한 장면만 그냥 소개하는 걸로 하겠다. "급식실 이야기 1"에 나온 비교적 평화로운 장면에 이어 오늘은 심각한 장면이다. 다시 말씀드리지만 '아니, 남중딩들이 그 정도일 줄이야.' 혹은 '에이, 생각보다 별거 아니네.' 그 어느 쪽을 선택하시더라도 그것이 반드시 당신이 아는 중2 남학생의 정확한 모습은 아닐 수 있다는 것, 잊지 마시길.

일단, 코로나 시대의 급식 이야기

코로나 시대를 3년째 겪으며 학교가 가장 힘들었던 부분은 원격수업이나 마스크를 쓰고 교실에서 버티기가 아니었다. 그것들은 다 어떻게든 적응이 되더라. 제일 힘든 일은 바로 밥 먹는 일이었다. 아니, 밥 '먹이는' 일. 학부모들은 더욱 공감할 것이다. 육아에서도 제일 힘든 일은 먹이는 일이었는데 이제 다 키워 중학생쯤 되어서 그 일의 힘겨움을 벗었는가 싶었더니 코로나라고 애들이 학교를 안 가, 혹은 걸핏하면 급식도 안 먹고 집에 돌아와, 집에서도 다 큰 자식들 밥 먹이는 일에 고충이 많으셨으리라. 학교는 더 말할 것도 없었다.

벌써 기억이 가물가물하지만 코로나 초기 급식실에서 얼마나 많은 식재료가 폐기되었던가. 학교에 올 수 있는 날 자체를 예측할 수 없었던 2020년 초반에 말이다. 학교에 오게 되었을 때도 칸막이를 치고 띄어 앉히고, 정수기 수도꼭지를 막는 대신 생수병을 하나씩 안기는 등 별별 대안들을 마련했었다. 공포는 언제나 '예측 불가능성' 때문에 오는 것이었으니.

코로나 2년이 거의 지나갈 무렵에는 전교생 모두가 등교하는 날이 오기도 했다. 어떻게든 수업은 해낼 수 있었지만 급식은 여전히 가장 힘든 과제였다. 전교생이 50분(12시 30분부터 1시 20분) 안에 식사를 마쳐야 하는데 초기엔 그나마 전 지구가 '쫄았던' 탓에 얌전히 밥만 먹고 일어나던 아이들도 이후 확진자 수가 점점 줄어들며 긴장이 조금씩 풀리자 슬슬 종알거리기 시작했다. 저 때나 그때나 교사들이 할 수 있는 '지도'는 '떠들지도 말고 친구와 반찬 나누어(뺏어?) 먹지 말고 얼른 먹고 일어나라'고 말해 주는 것밖에 없었다. 이 과정에서 특히 더 수고하신 생활안전부 선생님들과 담임 선생님들께 감사드린다.

이제 가림판도 없애고 띄어 앉기도 하지 않으니 먹기 전후 마스크 쓰는 일만 사라지면 완전히 코로나 이전의 급식실로 돌아가는 셈이다. 하지만 이전으로 돌아간다 한들 평화가 오리라는 보장은 없다. 급식 시간은 학생들에게 가장 행복한 시간이기도 하지만 아이들의 긴장이 풀려서 그만큼 가장 사건 사고가 많은 시간이기도 하다. 코로나가 지나가 완전 평화 시대가 열린다 해도 우리 학교 급식 역사상 가장 살벌했던 '그 사건' 비슷한 것은 일어나지 않기를 바란다.

영화 찍을 뻔했던 어느 급식 시간

몇 년 전 일이다. 급식실에서 태도가 좋지 않던 학생이 한 선생님에게 지적을 받자 교사에게 욕설을 뱉었다. 1학년 때부터 많은 사건을 몰고 다니던 학생이었지만 교사에게 대놓고 욕을 할 줄이야. 학생이 제어되지 않으니 급식실 주변에서 지도하던 여러 선생님이 모여 그를 제지했다. 그러자 아이는 교사 중 한 명을 주먹으로 때리고 교문 밖으로 나가 버렸다.

나도 어떤 아픈 학생이 난동을 부릴 때 우연히 발길질을 당

104

한 적은 있지만 그런 '사고'가 아니라 작정을 하고 학생이 교사를 때린 경우는 학교 역사상 듣기로도 처음이었다. 게다가 그 맞은 교사는 학생들에게 늘 '자네 ~하게' 하며 학생을 존중하던 이여서 더 충격적이었다. 누구를 겨냥했다기보다 학교와 맞짱을 떴다고 해야 할까. 교사들의 변명이라 생각할 수도 있겠지만 다른 날과 특별히 다를 것 없었던 급식 지도에 표면적으로는 특별한 촉발 요인이 없었던 터라 그 학생이 왜 그런 행동을 했는지 지금껏 알 수 없다. 그리고 그는 다른 사건으로 학폭위가 열렸을 때 그 자리에 들어와 있던 학부모 위원에게도 욕을 하고 결국은 스스로 학교를 유예하고 말았다.

외롭게 자라 누구에게도 사랑받지 못하고 컸던 그 아이, 소통하는 방법도 사랑스럽게 말하는 방식도 몰랐던 그 녀석, 어쩌면 일련의 사건이 일어났던 무렵 그에게는 감당하기 힘

든 개인적인 사건이 있지 않았을까 추측해 본다. 담임교사와 충분한 상담을 할 시간도, 상담실에서 대화를 나눌 틈도 없이 3월 초 일찌감치 학교를 떠나 버린 그 아이, 학교가 너무 싫다고 내지르듯 써낸 어떤 글을 보면서 우리는 그 전해에라도 왜 충분한 대화를 나누지 못했던가 반성도 해 본다.

무엇이 그 아이로 하여금 집도 학교도 다 떨치고 거리로 나가 떠돌게 했을까. 이제는 답을 들을 수는 없지만 떠난 아이들은 늘 아쉽다. 그리고 급식지도 당번이 돌아올 때마다, 기분이 한껏 들떠 온갖 장난을 치는 남학생들을 볼 때마다 그 사건이 떠올라 마음이 서늘해진다. '얘들아, 밥은 맛있게 먹고 한층 업up된 에너지는 운동장 두어 바퀴 달리는 걸로 풀자, 음? 싸우거나 대들기 없기~! 알았지? 점심시간만큼은 우리 모두 제발 행복하자구~.' (2022)

03

사춘기와 갱년기, 잘 쓰면 잘 산다

아이들이 즐겨 하는 판타지 게임에 자주 등장하는 '세상 구분법'이 있다. 천상계, 인간계, 중간계와 하계. 하지만 10대 청소년을 자녀로 둔 부모들 마음속에는 인간계와 중간계 사이에 하나의 '계界'가 더 있다. 그 무섭다는 '사춘기계'다. 사춘기가 되면 그토록 사랑스러(웠던)운 존재들이 그토록 인간 아닌 존재로 느껴지니, 그 세상은 정녕 별유천지비인간別有天地非人間인가 싶다. 본뜻과 다르게 그게 꼭 아름답지만은 않다 는 게 문제지만······.

청소년기 자녀가 "아, 쫌, 내버려 둬. 나 사춘기라고~" 했더니 엄마가 "야, 사춘기가 무슨 벼슬이냐? 난 갱년기다 왜!" 그랬다는 이야기가 있다. 하지만 사실 이 둘은 맞서 싸울 영역이 아니다. 오히려 공통점이 더 많다.

내 몸이 내 몸 같지 않다

사춘기와 갱년기는 우리 몸이 영혼과 교양의 고상한 집합체이기 이전에 매우 과학적인 존재라는 것을 입증해 준다. 어떤 의학자들은 심지어 마음이라는 게 '호르몬의 농간'이라고까지 말하지 않던가. 호르몬은 내 아이를 곱고 다정하던 어린이의 단계에서 포악하고 까칠한 사춘기 단계로 몰아넣는다. 나는 또 어떤가? 나의 지성과 미모는 급격히 줄어드는 호르몬 앞에서 종종 맥을 못 추는걸.

사춘기 아이들은 자꾸 여기저기 아프다고 한다. 이거 절대 꾀병 아니다. 급격한 호르몬의 분출은 정말로 몸을 아프게 하고 자꾸 졸리게 만든다. 잠 많은 시기의 아이들을 자정까지 공부시키는 대한민국이 잘못하는 거다. 아이는 성장통에 잠 못 이루고 엄마는 순간순간 달아오르는 열기에 잠 못 든다. 물론 부모가 더 억울하긴 하다. 아이는 저 혼란과 통증을 지나면 가장 아름답다는 20대의 몸을 갖겠지만 엄마와 아빠는 노화의 세계로 접어들 테니. 그러니까 너희가 좀 져 주면 안 되겠니?

음악을 많이 듣는다

음악은 감수성 최고조 시기에 우주적 외로움을 달래 주면서 자아와 대면하게 해 주는 최고의 친구다. 사실 중고등학생 때나 음악을 열심히 듣지, 고3 수험 시대를 건너 대학생활, 군대, 연애 시대(단, 실연당했을 때 빼고)를 거치면, 게다가 취업과 결혼, 육아의 시대에 접어들면 음악을 들을 시간도 없어진다. 그러다가 갱년기가 찾아올 때 우리는 다시 음악을 듣게 된다. 하지만 새로이 클래식도 들어 보고 불후의 명곡

사춘기라는 세계

같은 프로그램을 봐도 "역시 사춘기 때 듣던 노래가 좋다!"를 외치는 이유를 생각해 보면 사춘기=갱년기 도플갱어설은 어느 정도 근거가 있는 것 같다.

짜증이 많이 난다

짜증은 마음이 번거로워서 생기는 감정이기도 하지만 모든 부정적 감정이 그렇듯 근원은 두려움이다. 분노도 공포도

사춘기라는 세계

슬픔도 살아남기 위한 마음의 작용이다. 하긴, 아이들 삶을 돌아보면 짜증이라도 내야지 저걸 어떻게 견디나 싶기도 하다. 그냥 가만히만 있어도 미지의 인생은 나를 괴롭게 하는데 하루 10시간 넘게 공부해야지, 친구랑 잘 지내야지, 하고 싶은 건 많지만 잘할 자신은 없지, 바빠 죽겠는데 어른들은 왜 자기들 말을 잘 안 듣느냐고 야단이나 치지, 그러니 짜증이 날 수밖에.

물론 엄마도 짜증이 많이 난다. 아직도 해야 할 일은 많고 몸은 점점 늙는 것 같아 속상한데, 똥 기저귀 빨아 가며 정성을 다해 키웠던 것들이 귀여운 맛은 점점 사라지면서 막 대든다? 헐, 지금 누가 더 짜증이 나겠니? 너겠니, 나겠니? 하지만 연륜과 교양이 있지 막 소리를 지를 수도 없고 해서 참다 참다 어느 날 쌓였던 짜증이 한꺼번에 폭발한다. 그러고 나면 그런 나 자신한테 또 짜증이 난다. 그러지 않으려고 매번 침착하고 다정하게 대화로 풀어 보려 하면 아이들은 그걸 '잔소리'라고 한다. 어쩌라는 거지?

가족이 싫어진다

아이들은 잔소리를 많이 하는 쪽 부모(엄마일 때가 많다)를 싫어하는 경향이 있다. 엄마들은 차마 아이들을 싫어할 수가 없어서 그와 가장 비슷한 인간, 주로 남편을 싫어하는 경향이 있다. 물론 대개는 애정에 뿌리를 두었으되 그걸 어금니악물고 말할 때의 발음인 '애증'이지 뭐 진정한 증오는 아니다. 하지만 이건 매우 중대하고 근심스러운 감정이기도 하다. 사춘기 때 겪는 가족 갈등은 아이들에게 평생 마음의 상처가 되는 경우가 많기 때문이다. 부모는 주었는지도 모르는, 심지어 상처 입은 당사자 자신도 깨닫지 못하는 '부모상처'. 부모상처를 주지 않으려면, 동어반복의 무의미한 말같이 들리지만, '절대 해서는 안 되는 말은 절대 하지 말아야' 한다. 가령 "내가 널 왜 낳았는지 모르겠다. 너 자꾸 이러면 엄마아빠 이혼한다. 지 엄마(아빠) 닮아서 멍청한 새끼, 나가서 죽어 버려라. 너만 없었으면 내가 이렇게 안 살았다." 이런 말들⋯⋯. 당신은 아이 낳기를 선택했지만 아이들은 태어나기를 스스로 선택하지 않았다. 그러니까 선택한 사람이 참아야지 어쩌겠나.

성性적 전환점이다

사춘기가 성적인 전환점인 것은 우리 모두 안다. 갱년기도 그렇다. 저들은 아름다운 성과 사랑의 세상으로 나아가는 섹시한 나이이고 우리 앞에는 무성無性의 시대가 열릴 거라는 차이가 있지만. 아이들은 이 시기에 성적 자기 결정권에 대해 진지하게 배우며 멋진 연애와 사랑을 준비해야 한다. 더불어 우리들은 잃어버린 성적 매력을 아쉬워할 것이 아니라 "중성적인 사람이 더 매력적인 법이야~" 이러면서 삶의 무거운 짐 하나를 내려놓고 남성 혹은 여성으로서의 자신이 아닌 인류애로 정신세계가 풍요로워지는, 진정으로 성숙해 가는 자신을 기특해할 일이다.

내가 누구인지 말할 수 있는 자는 누구인가

사춘기는 '나는 정말 좋은 사람이 되고 싶다'는 본능적인 욕구를 성찰로 이끄는 멋진 시기이기도 하다. 내가 누군지에 대해 나중엔 바빠서 생각할 시간이 없는데 사춘기 때는 아무리 바빠도 그 생각을 할 수밖에 없다. 그렇게 자기 자신을 만나고 만들어 가며 사춘기를 지난 소년, 소녀들은 오만방자한 젊은이가 되지 않고 '진짜 어른'으로 살아갈 수 있다. 물론 그들에게도 자기 삶을 돌아봐야 할 날은 다시 돌아올 것이다. 하지만 초라해지기 시작하는 자신과 마주하며 많은 시간 성찰해 온 이들은 추레하고 이기적인 늙은이가 되지 않는다. 내 아이들도 먼 훗날 그렇게 또 남은 삶을 잘 준비할 거다. '지금의 나'처럼. (2022)

04

엉엉 울던 그 아이

"선생님, 열이 울어요~!"

수행평가를 마친 어느 반에서 근 두 달 동안 모은 학생들의 포트폴리오를 정리해 나오는데 누군가 외친다. 남학교에 다니면서 우는 아이를 본 일이 거의 없다. 게다가 '시험을 망쳤다고' 우는 학생은 참 보기 드물다. 게다가 열이라니. 까만 눈망울에 아역배우 같은 외모가 인상적일 뿐 아니라 늘 예의 바르게 행동해서 저절로 눈에 띄던 그 열이가, 왜?

세상은 일등만 기억하잖아요

마침 다음 시간이 체육 시간이라 다른 학생들은 신나게 체육복으로 갈아입고 운동장에 나가는 중이었다. 하지만 몇몇 학생들은 울고 있는 열이가 마음에 걸리는지 나가지도 못하고 달래지도 못하고 쩔쩔매고 있다. 나는 울고 있는 열이를 복도로 불렀다. 우는 아이는 뜨끈하고 축축하다. 몸에 해로운 습기를 얼른 뽀송하게 말려 주고 싶다.

"열아, 수행평가 분량을 다 못 채웠어? 그래서 속상한 거야?"

"아뇨, 못난 제 자신이 너무 미워요."(헉, 이 열다섯 살답지 않은 자성의 목소리라니……)

"시험은 못 볼 때도 있는 거지."

"아뇨, 일등을 해야 하는데……."(뭐라, 일등?)

"세상은 일등만 기억하는데 저는 너무 못났어요."

"선생님도 학교 다닐 때 막 일등하고 그러지 않았지만 지금 잘 살고 있잖아."(…나는 이 말을 한 나 자신을 반성하는 바이다. 변명하자면, 내가 지금 잘 살고 있다는 것은 '재미있게'라는 뜻이지 '부자가 되어'라는 뜻은 아니었는데……)

"선생님들은 돈을 잘 못 벌잖아요."(!)

"…아, 열이는 이다음에 돈을 많이 벌고 싶구나……."

"성공해야 하잖아요."

"돈을 많이 벌어야만 성공하고 행복한 건 아니지 않나?"

"(절박하고 빠른 목소리로) 아뇨, 성공해야 사람들이 알아주잖아요! 우리 반 다른 친구들은 너무 뛰어난데 저는 너무 못난 것 같아 속상해요."

"너는 너만의 좋은 점이 많아, 열아."

"아뇨, 저는 너무 못났어요, 못난 제가 너무 싫어요."

'아뇨 선생 김0열' 군과 하는 대화는 더 이상 이어 나가는 게 무의미하다고 느껴졌다. 안 그래도 심리검사에서 불안과 우울이 높고 자존감이 낮게 나온 아이다. 이 모범생은 뭐가 문제라 이렇게 정서와 현실이 균형을 잡지 못하는 걸까. 어떤 말도 아이에게 위로가 되지 않는다는 판단이 들었다. 그저 마음이라도 가라앉혀야 할 것 같아 "세수하고 올까?"라고 말했다. 열이는 그것도 싫단다. 보통 이럴 때 아이들은 대화를 나누는 상대에게 화를 내거나 짜증을 낸다. 열이는 그러지 않았다. 문제가 생길 때 분노를 자기 안으로 돌리는 유형이다. 속이 곪을 텐데… 살다 보면 이런 일이 수도 없이 일어날 텐데… 그때마다 이 아이는 자기한테 상처를 입힐 텐데……. 부모는 아이가 이렇게 아파하고 있는 걸 알까?

돈보다, 성적보다 귀한 것들이 많단다

아이는 어떤 환경에서 자랐기에 저런 열등감과 상처를 품었을까? 혹시 평소에 부모로부터 저런 이야기를 듣고 자란 걸까? 아이가 보여 주는 품위를 보면 대놓고 그런 소리를 들으며 큰 것은 아닐 것 같은데……. 그렇다면 빵빵한 집안 환경에 주변 친척들까지 성적 좋고 학벌 좋은, 소위 성공한 사람들로 둘러싸여 자란 걸까?

나에게 열이 이야기를 전해 들은 담임은 그날 바로 '연봉 1억은 찍어야 성공한 삶'이라고 말하던 열이의 부모에게 전화를 걸어 아이가 힘들어하는 지점에 대해 심각하게 이야기를 나누었단다. 열이 어머니는 혹시 듣는 데서 부모들이 그런 이야기를 했으려나 반성하면서 아이가 그 정도까지 생각하고 있는 줄은 몰랐다고 했단다. 그의 부모는 어쩌면 그저 열심히 살면서 자본주의적 가치에 부합하는 행복을 누리고 싶었을지도 모르겠다. 그게 어떻게 아들을 아프게 하는지도 몰랐을 것이다. 어쩌면 정말 무서운 것은 그게 그 가정만의 문제가 아니라는 것. 드러나지 않을 뿐 요즘 청소년들 대부분이 열이처럼 생각하고 있을지도 모른다는 생각마저 든다.

하긴 가물가물한 기억 속에서지만 나 역시 열세 살 무렵엔가 간절히 부자가 되고 싶었던 적이 있었다. 내 아이들도 중고등학생 시절에 "돈이 최고지!"라고 말해 깜짝 놀라 오래오래 이야기를 나누었던 적이 있다. 어렸던 나도 내 아이들도, 현실이란 놈은 욕망이 간절하다고 해서 많은 돈을 가져다주지 않는다는 것을 살아가면서 처절하게 깨닫기도 했지만 많은 이들과의 대화와 독서와 성찰을 통해 그보다 소중한 가치가 너무나 많다는 것을 알게 되었지 않나. 어쩌면 편향된 가치관은 한쪽 면만 바라보는 사춘기 때의 특성 중 하나일 수도 있다. 그러니 한 가지 생각에 폭 빠져 있는 우리 시대 수많은 열이를 그냥 놓아두지는 말자. 좁은 가치관이라면 넓게 보도록 도와주는 게 학교의 임무이기도 할 터이다. 게다가 심리적 불균형에 시달리는 학생이라면 알려 주는 일과 마음 헤아리는 일을 함께해야 할 것이다.

상담실에서는 그의 열등감을 심각하게 보고 있는 전문상담사 선생님이 다음 상담을 예약하고 있었다. '친절하면서도 단호한' 학생 훈육과 가치관 교육에 능숙한 담임도 그의 곁에 있다. 아마도 담임과의 전화 통화로 경각심을 가진 부모는 자신들의 언행을 돌아볼 것이다. 나는… 총명한 열이를 위해 그가 읽을 수 있는 멋진 책 한 권을 준비하고 이야기를 나누어 보련다. 아무리 노력해도 따라잡을 수 없던 중학교 때의 내 친구 이야기도 들려주고, 그대로 같은 고등학교에 진학했지만 각기 다른 영역에서 최선을 다하며 따로 또 같이 즐겁게 지냈던 학창 시절 이야기도 들려줘 볼까 한다. 내 눈에 비쳤던 열이가 얼마나 빛났는지, 그렇게 멋진 녀석이 1등에 집착한다는 사실이 얼마나 내게 쓰라리게 느껴졌는지도 솔직하게 말해 볼 것이다.

아무리 공부 잘하는 학생들도 서울대를, 하버드를 못 간 열등감이 존재하는 세상에서 그 누구도 영원히 1등이 될 수 없는 세상을 말한들 열이 귀에 가 닿으리라는 보장은 없다. 그래도 그를 걱정하는 선생들의 진심을 열이는 조금 느끼지 않을까. 아니, 지금 당장은 아니겠지. 어른들의 뻔하고 흔한 훈계라고 생각하겠지. 하지만 어른이 되어 돈과 1등을 추구하며 고단한 삶을 살아가던 어느 날 소주 한잔을 기울이다 기억이 날지도 모른다. 중학교 때 그, 지금은 이름도 잘 생각나지 않는 어떤 선생님이 자기 손을 꼭 잡고 "돈보다 더 귀한 것, 더 재미있는 것이 세상엔 아주 많단다, 열아"라고 말했던 일이. (2022)

05
국어를 잘해야
연애를 잘 한다

작년 이맘때에는 기약 없는 등교중지로 인해 학교가 4월 중순에나 열렸기에 밀린 수업 채우기 바빠 '중2 국어 첫 수업에 임하는 우리의 자세'를 논하며 이름 조곤조곤 불러 보는 마음 데우기조차 할 수 없었다. 하지만 올해는 드디어 '3월 2일 첫 수업'을 했다.

나의 첫 수업은 '국어 공부를 열심히 해야 하는 이유'부터 시작한다. 국어가 도구 과목이라서 실생활에도 유용할 뿐 아니라 다른 교과목을 공부할 때 꼭 필요하다는 것, 그리고 국어를 통해 사회, 문화, 철학, 역사, 과학 등 인생 전반에 필요한 이야기를 나눌 수 있다는 이야기도 한다. 하지만 무엇보다도 '국어를 잘해야 연애를 잘 한다.'에 힘을 꼭꼭 주어 이

연사 외쳐 본다. 나만 열심히 외치는가? 아니다, 너무 긴장해서 웃지도 못하다가 점점 심드렁한 표정을 지어 가던 아이들도 이 대목에서는 두 팔꿈치를 책상 맨 앞 모서리까지 당기고 숨겨 놓은 키 3cm를 꼿꼿이 끌어올리며 선생님 이야기에 귀를 기울인다.

'국어를 잘해야 연애를 잘 한다', 이 명제에 동의하십니까? 동의하는 분, 부처핸썸(put your hands up)? 누구 국어를 잘하면 연애를 잘할 수 있는 이유가 뭔지 말해 볼 사람? 국어를 잘하면… 아, 말빨이 좋아진다? 말 된다. 초등학교 때 혹시 우리 반에 이런 친구 없었어요? 뭐 엄청 잘생겼거나 멋지거나 그런 친구도 아니에요. 근데 이상하게 여자아이들한테 인기가 좋아. 그런 애 없었니? 뭐, 너라구? 헐~. 그런 친구들 공통점이 뭐게요? 바로 이 OO능력이 좋아요. OO에 들어갈 정답은? 그렇지, '공감'입니다, 공감능력.

'공감共感'이 뭡니까? 함께 공, 느낄 감. 다른 사람의 감정을 함께 나누는 거죠. 여러분이 좋아하는 사람이랑… 뭐? 모태솔로라고? 저런… 없지만 있다고 치고, 애인이랑 만났는데 그 친구가 이러는 거야, "나 배고파. 떡볶이 먹으러 가자." 그럴 때 네가 "나 방금 라면에 밥 말아 먹고 왔는데, 뭔 떡볶이?" 그런다? 그럼 넌 걔랑 100일을 못 채운다에 500원 건다. 그럼 어떻게 말해야 할까? 내 배가 아무리 빵빵해도 어떻게? "오, 떡볶이 먹고 시포요? 그럼 먹으러 가야지!" 이렇게.

나는 30여 년 동안 남자 중학생만 가르쳐 왔는데 우리 남자 친구들은 공감능력이 부족하다고 느껴질 때가 많아서 안타까워요. 좀 있다가 날씨가 풀리면 여러분은 운동장 가서 친구랑 공 차면서 신나게 놀겠죠. 친구랑 둘이 바람을 가르며 막 달리고 있었는데 정신을 차려 보니 옆에서 뛰던 친구가 없네? "야, 너 어디 갔냐?" 보니까 바닥에 넘어져서 엎어져 있어. 친구가 피 나는 무릎을 움켜잡고 "아우씨, 졸라 아파" 이래. 그럼 넌 어떻게 해? 다친 친구를 일으켜 세우고, "어휴, 피 나네. 많이 아프겠다. 자, 내 어깨에 기대. 보건실 가자." 이래야 하는 겁니다. 그런데 꼭 "야, 너 뭐 하냐, 찐따새꺄? 얼른 일어나라?" 이러는 친구들 있다? 그러지 마세요, 제발.

누군가 "슨생님, 저는 넘어져 무르팍 까져 본 적이 없어서 그 고통에 공감할 수 없습니다." 그럴 수도 있겠죠. 물론 공감에는 '같은 경험'이 중요하긴 해요. 하지만 세상에 태어나 15년 동안 단 한 번도 넘어져 본 적이 없다 하더라도 저렇게 넘어지고 다치면 무척 쪽팔리고 아플 것이다, 라고 짐작할 수 있잖아요. 그 사람 입장이 되어 그 사람의 마음으로 지금의 상황을 파악하고 감정을 느끼는 겁니다.

이런 공감능력은 마치 운동을 통해 근육을 키우듯 기를 수 있어요. 공감은 마음이 하는 일이지만 이 역시 훈련과 공부를 통해 기를 수 있답니다. 어떻게? 문학작품을 많이 읽음으로써. 국어 시간에 말하기, 듣기, 읽기, 쓰기, 문법 이런 영역도 배우지만 특히 우린 '문학'을 배우잖아요. 여러분도 작년에 윤동주의 「햇비」라는 시도 배웠고 「보리방구 조수택」 이런 소설, 할머니 이야기 나오는 수필도 배웠어요. 우리가 모든 삶을 경험할 수 없다 하더라도 문학작품을 많이 읽으면 내가 살아 보지 못한 삶을 간접적으로 경험할 수 있어요.

따뜻했다.
   넌 뜨거웠다
   진정

여러분 전쟁을 겪어 봤나요? 우리는 전쟁을 겪어 본 적도 없고 앞으로도 절대로 경험을 해서는 안 되지만 『몽실언니』같은 문학작품을 통해서 전쟁의 고통과 아픔, 슬픔을 느낄 수 있어요. 그리고 아, 전쟁이란 건 절대 일어나서는 안 되는 일이구나, 공감할 수 있습니다. 그래서 결론! 국어를 열심히 공부하면 여러분은 다양한 문학작품을 통해서 이와 같은 '공감능력'을 기를 수 있다, 이겁니다. 공감능력이 있어야만 연애도, 친구와의 사귐도, 사회생활도 잘 할 수 있겠죠?

나는 여러분에게 무엇보다도 이 공감능력을 길러 주고 싶어요. 마음이 따뜻하고 넓은 사람으로 자라도록 도와주고 싶어요. 국어는 외우는 것보다 마음으로 이해하고 읽는 것들이 더 많아요. 수업 시간에 열심히 공부하다 보면 국어 지식은 저절로 따라올 것이지만, 심지어 국어시험을 잘 못 본다 하더라도 여러분이 친구를 배려하고 친구의 마음에 공감하고, 다른 사람의 아픔에 함께할 수 있는 사람으로 성장한다면 최고의 보람으로 여길 겁니다. 그런 수업을 위해 최선을 다해 가르칠게요. 그러니 여러분도 나를 믿고 재미있게 수업에 참여해 줄 수 있죠?

새봄의 아이들은 늘 예쁘다. 왜냐하면 작년 11월부터 '늦가을 3차 사춘기 도래'를 영접하며 좀 삐딱해지던 아이들마저도 새 학기엔 다 잘 해 보고 싶은 마음에 눈을 반짝이기 때문이다. 새로운 선생님과 친구들 앞에서 그들은 모두 괜찮은 사람이 되고 싶어 한다. 그럴 때 교사가 '너와 내가 힘을 합쳐서 열심히 공부해 보자.'라고 말해 주는 거다.

  물론 새 학기의 약발은 두 달 정도밖에 안 간다. 중간고사를 마치고, 친구들이랑 친해지고, 선생님들은 만만해지고, 교생 선생님이 오고 그러면 마음은 늦은 봄날 지는 꽃처럼 흐드러져 버린다. 그럼 그때는 또 다른 희망과 다양한 동기유발을, 또 다른 마음잡을 이야기를 준비해 수업에 들어가야 할 거다. 다시 힘을 내 여름방학까지 잘 버틸 수 있도록 말이다. 부디 올해는 순조롭게 그 단계들을 다 겪으며 제대로 성장하는 '대한민국 중2 남중딩'들을 보고 싶은 마음 간절하다.

(2021)

06
몽골 소년도 아는
우리말

　몇 해 전 우리 학교에 몽골 학생이 다닌 적이 있다. 한국말이 서툴러서 한 2년 정도 함께 한국어 공부를 했다. 몽골 학생의 이름은 네이구르였다. "이거 무슨 말인지 알겠니?"라고 물으면 애매하게 웃으며 도리도리를 하던 네이구르는 점점 "아, 그거 들어 봤어요!" 하는 날이 많아졌다. 그러던 어느 날 담임 선생님이 "선생님, 요즘은 네이구르 한국말이 좀 많이 늘었어요." 그런다. 기쁜 마음에 "정말요?" 하니 "네, 선생님, 이제 애들이 다가와 괴롭히면 한국어로 욕도 해요." 하는 게 아닌가. 교무실 선생님들이 박장대소했다. "한국말 다 배웠네." 이러면서……

　욕이 아닌 진정한 한국어가 어느 정도 늘었을 때 우리말로 숫자나 날짜, 나이 세는 법을 알려 준 적이 있다.

"네이구르, 선생님 몇 살이게?"

"모르겠어요."

"나 (숫자로 써 주며) 53살이야. 근데 이거 한국말로 오십삼 살이라고 말하면 무지 이상하거든? 쉰세 살이라고 해."

"(갸우뚱하며) 아, 쉰세 살?"

그렇게 우리는 '열 살, 스무 살… 서른, 마흔, 쉰, 예순, 일흔, 여든, 아흔, 백'을 함께 공부했다. 제법 잘 외우는 네이구르가 기특하다고 생각하면서 한편으로는 '이걸 우리 한국 아이들은 제대로 알고 쓸까?' 궁금한 마음이 들었다. 모를 리가 있느냐고? 중학교 교사들이 '초등학교 때 다 배웠겠지' 고등학교 교사들이 '중학교에서 가르쳤겠지' 하고 넘겨짚는 틈새에 알알이, 아이들에게는 '그런 것도 모르는' 사각지대가 존재한다. 배우기야 했겠지만 모르는 아이들이 더 많을 순우리말 숫자와 나이, 날짜를 헤아리는 수업을 한번 해 보리라 결심했다.

사흘이 3일이라고? 이거 왜 이래?

마침 중2 교과서에서 흥부전이 나오기에 이참에 1일~10일을 고유어로 다 아는지 공부해 보았다. 아니나 다를까 사흘을

4흘이라 쓰며 나흘과 헷갈리는 아이들이 많았다. 닷새, 엿새는 얼추 때려 맞히는 듯했는데 '이레'를 넘어 여드레, 아흐레까지 가니까 여기저기서 "이레? 여드레? 이거 왜 이래? 뭐래? 넌 얼굴이 왜 그래?" 이러면서 난리가 났다. 말장난도 웃어넘길 수 있었고 한국말이 영어보다 어렵다는 엄살도 너스레라 여겼지만 한 아이가 열심히 받아 적으면서도 "저런 걸 왜 배워? 쓰지도 않는 걸……." 하고 조그맣게 중얼거리는 걸 들었을 때는 가슴이 아파지기 시작했다. 뭐라? 한국인이 한국어를 왜 배우냐니……. 나는 『리스본행 야간열차』속의 라틴어를 가르치는 문학 선생 그레고리우스가 된 기분이었다. 아무도 귀담아듣지 않는 사어死語를 가르치는 역사의 뒷방늙은이가 된 기분……. 그래도 그레고리우스 그 양반은 몇몇 똑똑한 학생들로부터 아련한 존경이라도 받았지, 난 '그걸 왜 가르치는' 선생이 되었단 말이다. 얘들아, 몽골에서 온 친구 입에서도 술술 나오는 한국어 나이, 날짜, 이런 건 너희도 좀 알아야 하지 않겠니? 보름이 뭔지, 여든 살이 몇 살인지도 모르면 너무하잖아.

아름다운 순간을 표현할 줄 아는 청년이기를

'요즘 아이들은 이런 말도 몰라.' 에 해당하는 말이 뭐가 있

을까? 생활 속에서 많이 쓰이는 단어들도 그렇지만 특히 예
스러운 말들은 요즘 아이들에게 영어만큼이나 어려운 말이
다. 내 또래 어른들조차 고유어들과 거리가 멀어지고 있으니
더 말할 것도 없다. 오영수의 『요람기』는 아주 오래전 5차교
육과정(지금은 개정된 7차교육과정이다) 이전부터 중학교 국어
교과서에 실렸던 소설이다. 아름다운 소설이라 지금도 독서
시간에 읽히기는 하는데 소설의 배경이 1930년대쯤 되니 아
이들에게는 참으로 별나라 이야기처럼 느껴질 것 같기는 하

다. 소설 속에서 아이들이 꼽은 어려운 단어에는 이런 것들이 있다. 가시내, 묏등, 지천, 두렁, 머슴, 희비애환, 양지, 자맥질, 강기슭, 곡조, 높새, 아교, 구릉, 궐련, 잡목, 무논, 얼레, 이비罪非, 애상, 줄달음, 굼실굼실, 도래솔, 쇠꼴, 상놈, 멱감다, 외순…….

이제는 아예 그 존재 자체가 사라졌거나 만나기 어려운 머슴, 아교, 궐련, 얼레, 상놈, 쇠꼴은 그렇다 쳐도 강기슭, 두렁, 구릉, 높새, 자맥질 같은 예쁜 말들, 심지어 지금도 쓰이는 줄달음, 굼실굼실, 양지, 희비애환, 애상, 곡조도 잘 모른단다. 원인이 뭘까? 독서를 너무 안 해서? 게임을 너무 많이 해서? 아름다운 문학작품을 많이 읽히면 좀 나아질까? 놀이처럼 재미있는 국어사전 찾기 수업을 해 볼까? 우리 동네에서 낯선 단어 찾기 수업 같은 건 어떨까? 한편으로는 한자병용을 주장하던 모 신문사들의 몸부림을 시대착오적이라 느낀 것처럼 굳이 사라져 가는 우리말을 가르치는 일이 억지스러운 노력은 아닐까 회의가 들기도 한다.

걱정 마시라, 아무리 회의가 들어도 나는 "샘, 이제 그런 말 안 쓰는데 왜 배워요?" 항변하는 제자들에게 팔자 눈썹을 하고 입을 쭉 내밀며 "어허, 이런 말은 일부러라도 꼭 배워야 하는 거야." 하면서 많은 단어들을 그 뜻을 일러 주고 들려주고 설명하고 설득하고 가슴에 콕 박히게 해 주려 노력할 것이니까. 가령 이런 어휘들 말이다. '해질녘 어스름' 하늘과 땅의 경계가 모호해지기 시작하면서 아련히 집에 돌아가고 싶어지는, 두고 온 무엇도 없는데 괜히 뭔가가 그리워지는 그 시간의 감성, '슬그머니, 우두커니' 우아하고 능청스러운 그 '너낌'의 단어들, 조직이나 팀이 아닌 '동아리와 두레'의 정겨움, '위드 코로나'보다 강력한 '함께' 살기의 필요성, 한없이 깊은 하늘 비추는 '가람과 여울', 가장 맑은 날 그 물살 앞에서 멍을 때리며 혀에 그 발음을 곱새겨 보는 '윤슬' 이런 말들 말이다.

당장은 아닐지라도 좋아하는 사람과 손을 잡고 두물머리를 걷다가, 어느 가을 초저녁 아직 낮은 하늘에 초승달과 개밥바라기 별이 어깨동무하며 떠오르는 장면을 보면서 나의 제자들이 이런 말들을 떠올렸으면 좋겠다. "어스름 별빛, 미리내, 시나브로, 자울자울, 사부작사부작… 나 이런 말 어떻게 알지? 근데 이 말들 되게 예쁘지?" 목소리 좀 깔고 사랑하는 사람 앞에서 낭만적으로 읊조려 보는, 그때쯤 멋진 청년이 되어 있을 소년들이. (2021)

07

요즘 아이들 어휘력

교사들끼리 모여서 아이들 어휘력이 너무 떨어진다는 걱정을 한 적이 있다. 너무나 쉬운 말도 몰라 자꾸 질문을 한단다. "내일모레가 시험인데"라고 했더니 "아니, 일주일이나 남았는데 내일모레라굽쇼?"라고 대꾸해 나를 경악하게 한 건 귀엽게 봐준다 쳐도, '조차지' 이런 말은 요즘 쓸 일이 없어서 모른다 쳐도, '객관적/주관적'을 모르고 '추상적/구체적'을 모른다면, 그리고 비유가 뭐냐고 묻기에 '빗대는 거'라고 말해 주니 '빗대는 거는 또 뭐냐?'고 묻는다면, 도대체 어떻게 진도를 나가야 하는 걸까?

그들이 사는 세상의 어휘력

중1 교실에서는 단어 뜻 설명하다 지치지만 아이들도 시간이 지나 2학년쯤 되면 자꾸 질문해 봐야 자기 품격만 떨어진다고 생각해서인지 점점 질문도 하지 않고 그냥 알아듣는 척, 수업을 열심히 듣는 척한다. 그러면서 영육 분리, 유체이탈, 그리하여 자신의 혼을 자기 집 컴퓨터 모니터 앞 게임 장면으로 분리 발송하거나 안드로메다 어디쯤으로 유영시키곤 한다. 얼마 전 토론 수업 때는 한 학생이 "모병제로 제도를 바꾸려는 시도보다 지금 현재의 군대 인프라를 탄탄하게 구축하는 것이 우선"이라고 말했다. 그때 손을 들고 용감하게 "선생님 '인프라'가 뭐죠?"라고 질문한 학생을 이 자리에서 칭찬하는 바이다. 많은 아이가 그 말을 몰랐을 것이다. 속으로는 "저 쉬키 쫄라 어려운 말 쓰네."라고 생각하면서도 질문할 엄두를 내지 못했을 와중에 용기를 내 질문을 던져 주다니……

교실에서는 천진한 멍뭉미를 뿜으며 '난 그으~런 거 모홀라요~, 난 아무 것도 몰~라아요오~' 이러고 앉아 있던 아이들이 수업 끝나는 종소리를 들으면 갑자기 생기발랄해져서 교실 밖으로 뛰쳐나간다. 코로나 이전의 장면이긴 하지만 친구의 목을 두 팔로 감아 안으며 화장실에 같이 가는 중2 아이들 대화를 우연히 엿들은 적이 있다. "꼼짝 마! 넌 묵비권을 행사할 수는 있지만 변호사를 선임할 수 없으며……." 우정의 체포인 걸까. 방금 합리적 어쩌구 능동적 저쩌구 이런 말도 못 알아듣는 척하던 아이들이 '묵비권'이 뭐 어째?

"야, 넌 왜 말을 못 해? 선택적 함구냐?" 웡? 중1이 선택적 함구 그런 말을 안다구? 생물 시간에 배웠는지 호르몬의 부조화를 논하고 물리적 법칙이 어쩌고 할 때는 뒤를 한 번 더 돌아보게 한다. 평상시 까불기만 하던 꼬맹이거나 독서나 공부와 거리가 멀어 보였던 아이들이 그런 용어를 쓰면 아, 나는 선입견이 많은 교사인가 보다, 스스로 반성하게 되곤 한다.

하긴 엽기토끼가 한참 유행할 때였던가, '엽기'라는 말이 가지고 있는 독특한 의미와 쓰임새가 국민 어휘가 되어 버리

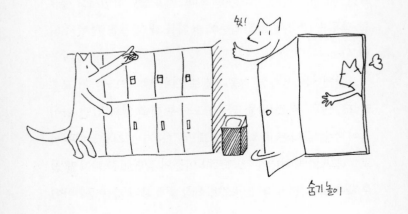

숨기놀이

는 현상에 의아함을 품은 적이 있었다. 아무리 어려운 말이라도 자주 들으면 쓰게 되고, 사용하는 단어 수준에 따라 국민들의 품격도 오르락내리락하게 되는 것 같다. 어른들은 요즘 아이들이 그런 단어도 모른다고 한탄하지만 어쩌면 '그런 단어'를 쓸 일이 없어서 모르는 건지도 모른다. 어떤 어려운 단어는 자기들만의 세계에서는 너무나 자연스럽고 또 어떤 단어는 아무리 쉬워 보여도 옛날 말이라 안 써서 모르는 걸 수도 있다.

수업 중에 주마간산走馬看山, 전화위복轉禍爲福, 이런 고사성어가 나올 때 그게 뭐예요? 묻는 경우는 부지기수이다. 이건 한자로 된 말들이라 모르는가 보다, 싶기도 하지만 아주 쉬운 속담의 뜻도 모르는 경우가 있다. 어떤 국어 선생님이 문장의 짜임을 가르치던 중 교과서에 나온 '까마귀 날자 배 떨어진다'가 홑문장인지 겹문장인지 물었다고 한다. 문맥에 대한 생각도 하지 않고 '배'가 먹는 배냐, 바다 위의 배냐 묻더란다. 중3인데 이 속담을 모르나 싶어서 "너네 오비이락烏飛梨落 몰라?"라고 물었는데 많은 학생이 해맑은 표정으로 "선생님, 저희가 그런 걸 어찌 알겠어요?"라고 되묻는 표정을 짓더란다. '낮말은 새가 듣고 밤말은 쥐가 듣는다'라는 속담이 나왔을 때 한 학생이 옆의 친구에게 '왜 '낟말'을 새가 먹어? '반

말'은 또 쥐가 먹는다고?'라고 해서 선생님을 뒤집어지게 했다나.

틀린 게 아니라 다른 거라고

한번은 매체의 윤리성에 관한 수업을 하면서 학생들이 어떤 유튜브 채널을 즐겨 보는지 발표하는 중에 어떤 학생이 큰 소리로 "두 사람 그냥 합방하면 좋을 텐데~."라고 말해서 깜짝 놀랐다. 아무리 시도 때도 없이 야한 말 한마디라도 던져보려고 기를 쓰는 호르몬 과잉분비의 사춘기 소년들이라지만 저런 말을 그냥 막 던진단 말인가? 그야말로 '벙 쪄서' "어허, 할 말 못 할 말 가려서 하게!"라고 말했다. 수업 마치고 불러서 조용히 훈계를 하겠노라 마음먹고. 그런데 맥락을 살펴보니 '아무래도 내가 아는 그 '합방'이 아닌갑다' 싶었다. 그 말을 한 학생의 평소 행실도 그렇고 아무리 아이들이 들쭉날쭉이라 해도 그렇게까지 그런 단어를 막 던지는 건 이상했다. '브라보, 브라보, 아빠의 청춘'을 '브라자, 브라자, 아빠의 청춘'으로 바꿔 부른 90년대의 어떤 남학생 이후 교실 발언 중 가장 수위가 높은 단어 5위 안에 들 것 같았던 그 '합방'이란 말은… 사실은… '합동방송', 즉 서로 다른 채널을 가진 유튜버들이 함께 방송하는 것을 의미하는 말이었던 것이다.

　이럴 때 누가 문맹인 걸까? 저들의 언어 세계에 들어가면 나야말로 말귀 못 알아먹는, 어휘력 짧은 사람일 것이다. 게임 용어, IT 용어가 나오고 휴대폰에 자주 사용되는 앱 관련 설명을 들을 때 열다섯 살 내 제자들의 입에서 술술 나오는 전문용어를 못 알아듣는 나야말로 '어휘력 딸리는' 어른일 것이다. 그러니 '어휘력'의 기준은 1960년대 즈음에서 멈춘 한국문학의 어휘들, 혹은 시작한 지 20년도 넘는 7차교육과정의 중등 교과서 속 단어들을 아느냐 모르느냐의 문제만은 아닐 수도 있다. 하여 나는 저들을 대할 때 어금니 꼭 물고 '무슥한 자슥들(무식한 자식들)'이라 부를 일이 아니라 '어떤 언어에 관해서는 취약한 점이 있으므로 민주시민으로 살아가는 데 지장 없을 만큼 꼭 필요한 어휘를 알려드려야 하는' 어리나 고귀하고 도도한 고객으로 여겨야 하는 건지도 모른다. (2021)

닥치고, 안아 주기

1.

대학교 1학년, 전두환 정권 때였다. 바로 위 학번 선배 언니가 시위를 하다가 '달려갔다(잡혀갔다)'. 흔한 일이었다. 유치장에 갇혀 있던 그녀가 돌아온다는 날 우리 몇몇은 문과대 앞에서 소주인지 막걸리인지를 마시며 선배를 기다렸다. 멀리서 언니가 나타났다, 170이 훌쩍 넘는 키에 긴 머리를 휘날리며 지평선 위로 서서히. 일주일 구류를 겪으며 제대로 씻지도 먹지도, 좋아하는 담배 한 모금 머금지도 못했을 터이고 어쩌면 경찰들에게 매를 맞았을지도 모를 그녀는, 하지만 의연하게, 멋지게 문과대 잔디밭으로 저녁노을을 받으며 등장했다. 둘러앉아 함께 선배를 기다리던 동기 남자아이 하나가 벌떡 일어나 마구 달려가더니 아무 말 없이 그녀를 덥석 안아 주었다. 그 둘은 각자 연인들이 있었으니 '남자 여자', 그런 사이도 아니었다. 그저, 우리도 언젠가 겪을지 모를 시대의 고초를 통과해 온 한 동지를, 선배를 맞이하는 경건한 의식이었다. 1985년 어느 가을.

2.

남자 중학교 쉬는 시간의 복도는 영화 <화산고>를 연상케 한다. 아이들은 이 끝에서 저 끝을 '날아'다닌다. 복도를 마구 내달려 오던 아이가 교무실 문을 밀치는 바람에 밖으로 나오려던 어떤 교사는 광대뼈에 금이 갔고 또 다른 교사는 팔꿈치를 다친 일도 있었다. 해서 나는 몸에 보이지 않는 보호막을 두른 외계인이 된 심정으로 수업을 마치고 교무실까지의 무사귀환에 주문을 걸곤 한다. 그렇게 조심조심 살금살금 걸었는데도 복도 모퉁이에서 뛰어오던 중3 학생과 맞닥뜨리고 말았다. 뒤에서 쫓아오던 친구를 따돌리려던 건지, 아이는 앞도 쳐다보지도 않고 모퉁이를 돌다가 나와 부딪힐 뻔했다. 아, 나의 광대여, 또는 갈비뼈여……. 공포를 세포로 감지하는 그 순간, 아이는 나와 부딪히기 직전 순간에 나를 안아 주었다. 그러고는 '죄송합니다, 선생님, 정말 죄송합니다'를 연발한다. 덕분에 나는 무사했다. 수업 중에 깨어 있는 모습을 보기 힘들고, 활동을 하라고 권하면 '안 하면 안 돼요? 정말 열 줄 다 써야 해요? 쓸 게 없어요, 하기 싫어요'를 연발하던 아이다. 그는 순발력을 발휘해 자기 몸의 3분의 2밖에 안 되는 자그마한 선생을 부상에서 구해 냈다. 덕성은 위기 시에 나온다는데, 위기대처 능력과 더불어 생존에 꼭 필요한 순발력까지 갖춘 그 애는 오직 수업 시간에만 열등생이었을지도 모른다.

3.

학교에서 업무 중 실수를 저질렀다. 교사상담연수 때 <자존감>이라는 주제로 교사들이 쓴 에세이들을 모아 책을 냈다. 물론 정식 출판은 아니고 1,000부 정도 찍어서 학생들과 나누는 것이었는데 책이 들어온 날 사고가 터졌다. 교무실에서 책을 열어 본 선생님 중 몇 분이 학생들에게 배부할 책으로 제작한다는 공지를 '전체' 교사에게 하지 않았기 때문에 이 책을 학생들에게 배부해서는 안 된다고 문제를 제기한 것이다. 업무를 담당한 나의 과실이 분명하므로 바로 모두에게 절차상의 문제에 대한 사과 메시지를 돌렸다.

그 메시지 이후 나는 많은 위로를 받았다. 가령 "에구, 힘들었겠다……."까지는 좋았다가 "그러게 왜 그랬어, 알 만한 사람이." 혹은 "하하하, 잊어버려요."라고 말하는 사람을 만났을 때, 나에게는 심각한 일이 누군가에게는 별일 아닌 것으로 여겨지나 싶어 섭섭했다. "누가 그런 문제제기를 했대요? 그래서 교장, 교감은 뭐래요? 선생님은 어떻게 말하셨어요?" 단계를 하나하나 짚어 주는 사람의 냉철한 이성과 판단은… 하나도 도움이 되지 않았다. "그래, 아무리 절차가 아쉬웠다고 해도 그렇지, 선생님의 선의는 다 알 거 아냐? 그런데 그걸 갖고 문제를 삼는 건, 그건 쫌 아니지~."에 이르러서는 분명 내 편을 드는 것 같은데 이상하게 비난받는 기분이 드는 걸 어쩔 수 없었다.

한편 논란의 그 책을 쓱 내밀며 "이 책 선생님이 만드신 거잖아요. 여기 사인해 주세요. 좋은 말씀 길게 많이 써 주시고요."라고 말해 감동의 위로를 전한 분도 계셨다. 제일 마음이 녹진해졌던 위로는 다른 말 없이 "오늘 많이 속상하셨죠."하고 따뜻하게 오래 손잡아 준 선생님의 것이었다. 그리고 퇴근길에 받은 메시지 하나. 한 후배 선생님이 아무런 '말 메시지' 없이 작은 도넛 한 바구니와 커피 한 잔 쿠폰을 보낸 것이다. 오늘 고생했다는 말도, 힘들었겠다는 말도, 힘내라는 말 한 글자도 없는데, 그것은 묘하게 마음을 안아 주는 느낌이었다. 이런 '오후 4시의 당분 같은' 사람······.

늘 누군가를 위로해야 했던 내가 거꾸로 참담해졌던 날, 나도 그동안 혹시 위로를 한답시고 분석하고 평가하고 조언을 들려주지는 않았던가, 스스로 돌아보았다. 앞으로는 누군가 힘들어하고 있다면 다가가 말없이 안아 주는 사람이 되자고 결심해 본다. 누군가 힘이 들 때 그 곁에 필요한 것은 똑똑한 사람이 아니라 따뜻한 사람이란 걸 깨달은 날.

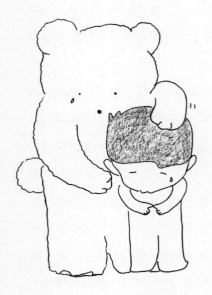

집 가기 무서워요······

4.

어느 월요일 6교시. 마지막 수업이 진행 중이던 중1 교실에서 수업을 듣던 아이 하나가 갑자기 울음을 터트렸다. 남중에서 10년에 한 번 볼까 말까 한 일이다. 수업을 하던 교사는 조용히 다가가 무슨 일이냐고 물었다. 아이는 자꾸 울음이 난다면서 집에 가기 무섭다고 했단다. 맞벌이 때문에 지방에서 일하는 엄마는 주말에 하루 집에 오시고 밤에 일하시는 아버지는 새벽에 들어오신다고. 이 수업을 마치고 집에 돌아갈 생각을 하니 마음이 막막했던 걸까. 아주 어렸을 때부터 여동생과 둘이 오롯이 어둑한 집을 지켜야 했던 아이의 우울과 공포가 극에 달했던 것이다. 그 선생님은 말없이 아이를 안아 줬다. 힘들다고 말한 것은 아주 잘한 일이라고, 상담실에서 마음을 털어놓고 나면 훨씬 가벼워질 거라고 토닥였다.

그냥 아무 말 없이 안아 주고 손잡아 주는 일, 생각보다 쉽지 않다. 선생님들은 힘들어하는 아이들을 만나면 마음 깊은 곳에서 슬픔으로 공감하더라도 겉으로는 침착한 해결책을 제시하곤 한다. 하지만 때로는 '선생'이 아니라 묻지도 따지지도 않고 그저 안아 주는 따뜻한 '어른' 하나가 되어 줄 용기도 필요하다. 당장 그 소년의 슬픈 저녁을 해결해 줄 대안을 학교는 갖고 있지 않았지만, 다음 상담 약속을 잡으면서 상담사 선생님은 그 아이에게 오늘 밤 뭔가 작은 인형이라도 품에 안고 잠들 것이 있는지 물었다. 가장 슬프고 가장 무서운 날에 우리에게는 그 무엇보다도 안아 주고 안길 무언가가 필요한 거다. (2021)

09.

친구와 함께라면
공부도 즐겁다?

중학생에게 가장 소중하면서도 무서운 것이 무얼까. 부모님? 성적? 게임? 스마트폰? 아니다. 단언컨대 '친구'다.

얼마 전 '틀린 어문규범 찾기 수행평가'를 했다. 아이들이 3~4일 전에 미리 SNS나 거리 간판, 상품 이름 같은 데서 어문규범이 틀린 걸 찾아 오는 과제를 해야만 모둠을 이루어 수행평가를 할 수 있는 수업이다.

과제도 안 해 온 민폐 소년들의 최후(?)

내가 들어가는 반 중 유난히 수업 태도가 좋지 않은 반이 있다. 예상했던 대로 과제를 해 온 아이는 겨우 절반을 넘었다. 다른 반은 무사히 해낸 그 수업을 망치게 생겼다. 그렇다

고 수행평가를 미룰 수도 없어서 할 수 없이 4명이 아닌 6명
으로 한 모둠씩을 만들었다. 모둠 안에 과제를 해 온 학생이
한두 명이라도 있어야 그들의 주도로 모둠 활동이 가능하기
때문이다. 그렇게 모둠별로 앉아 사인펜을 꺼내고 큰 종이에
잘못된 어문규범을 적어 나가기 시작했는데… 아니나 다를
까 여러 아이가 서서 떠든다. 앉아서 하라고 해도 엉거주춤
시늉만 할 뿐이다. 알고 보니 쓸데없이 떠드는 게 아니라 활
동지를 작성하는 아이 곁에 모여 의논하느라 서 있던 것이
다. 소란스럽기는 해도 어떻게 해서든 뭔가 해 보려는 모습
이 기특하고 신기했다.

　이번엔 저 뒤쪽이 소란스럽다. 다가가 보니 아이들이 말다
툼을 하고 있다. 숙제를 해 오지 않은 아이가 "제가 교과서에
서 그건 맞춤법 틀린 거라고 찾아서 얘기해 주었는데 제 의
견은 무시하고 안 써 주잖아요!" 항의를 하거나 말거나 사인
펜을 쥐고 있는 아이는 예쁜 글씨로 모둠활동지에 자기들이
찾아 온 숙제만 옮겨 적는다. 이래서는 부족하든 잘하든 서로
를 배려하면서 서로에게 배우라고 구성해 놓은 협동 학습을
하는 의미가 없다. 기초학력이 낮은 탓인지 평소에 둘이 수
업 시간마다 조잘조잘 떠들어 지적받기 일쑤에, 모둠 활동을
하면 기여하는 바 없었던 '민폐 소년' 두 명에게 쌓인 원망

때문에 공부도 좀 잘하고 숙제를 충실히 해 온 아이들이 그 녀석들을 활동에 끼워 주지 않고 텃세를 부리는 모양이다.

사이가 안 좋은 아이들을 억지로 한 모둠에 붙여 놓아 봐야 갑자기 힘을 합칠 리도 없고, 그렇다고 두 아이가 아무것도 안 하고 한 시간을 보내게 할 수도 없다. 아기 하마처럼 생긴 녀석 둘을 따로 빼서 조그만 모둠 책상을 만들어 주고 새 활동지도 주었다. "너희는 해 온 과제 자료가 없으니 대신 책에 나온 틀린 표현을 정리하는 것으로 수행평가를 대신하자.

좋은 점수를 받을 수 없더라도 최선을 다하기다." 그런데 한 바퀴 돌고 그들에게 다가가 보니 두 아이는 볼살이 닿을 듯 머리를 맞대고 저희가 알고 있는 대중가요 가사나 채팅 용어, 게임 용어의 잘못된 표현을 열심히 생각해 내느라 애쓰고 있다.

교단에 서서 아이들을 둘러보니 다른 반보다 소란스럽기는 하지만 단 한 명도 수행평가에 참여하지 않는 아이는 없었다. 기초학력이 약한 아이들이지만 함께 공부하는 시간만은 즐거웠던 것이다. 아이들은 게임과 운동만 좋아하는 게 아니다. 공부가 게임처럼 즐겁지는 않아도 친구와 함께라면 즐기면서 할 수 있는 것이다.

교사보다 친구에게 찍히는 게 더 두렵다

교사가 아무리 완벽하게 수업을 준비해 와도 아이들이 100% 참여하는 수업을 하기는 어렵다. 내 경험상 아이들이 단 한 명도 빠지지 않고 모두 공부에 참여한 수업은 학습지를 풀든, 모둠이 모여 책을 만들든 협동학습을 할 때였다. 그 이유가 무얼까 생각해 보니 원인은 '친구'인 듯하다.

이제 아이들은 솔직히 선생님을 무서워하지 않는다. 오히려 교사에게 찍히는 것보다 친한 친구들에게 찍히는 게 더 두렵다. 물론 좋아하는 친구들과 서로 토닥여 주고 함께 공부하는 것을 재미있다고 생각하기도 한다. 어르고 달래고 옥박지르고 협박해도 꿈쩍도 않던 아이들을 일으켜 세우는 것은 옆자리의 좋은 친구였던 것이다.

많은 이가 교육에 희망이 없다, 회복 가능성이 없다고들 하지만 나는 학교에서 작은 어깨를 나란히 하여 함께 즐거운 배움을 나누는 일이 '불가능하다'고 말하고 싶지는 않다. 고작 그것으로 학교가 회복될 거라고 믿느냐고 물으면 할 말은 없지만, 이것이 산불이 났을 때 작은 날개에 물을 묻혀 나르던 꼬마 벌새의 날갯짓이라고 말하고 싶다.

그날 수업에서 나는 지적知的으로 가난한 그들이 나름대로 머리를 맞대고 공부라는 것을 해내려 애쓰는 현장을 보았다. 그 단순하고 치기 어린 우정, 어설픈 노력이 내 눈에는 한없이 귀하게 보인다. (2016)

10

학교에서 스마트폰은

우리 학교는 원칙적으로 스마트폰 소지를 금지한다. 하지만 현실적으로 전면 금지가 불가능하기에 "꼭 필요한 학생만 가지고 와서 담임교사에게 맡기"라고 한다. 그러나 아이들 모두가 스마트폰을 맡기지 않는다는 것은 학생도 알고 교사도 아는 공공연한 비밀이다. '당신들이 모르는, 학교에서 몰래 스마트폰을 사용하는 방법'이 서너 가지 모자란 100가지쯤은 되지 않을까 싶다.

딸이 고등학생 때, 점심시간에 모르는 번호로 전화를 걸어왔다. 자신의 오후 일정을 알리는 내용이었다.

"어? 너 아직 학교 안 끝났잖아, 어떻게 전화했어? 이건 누구 번호야?"

"친구 거야."

"스마트폰 다 내잖아? 친구는 안 냈어?"

"다 방법이 있지. 얘는 '꽁폰' 냈어."

그렇다. 학교에는 가짜폰(그러니까 실제로 사용하는 폰이 아닌 고장 난, 혹은 여분의 전화기)을 내고 유유자적 진짜 스마트폰을 사용하는 아이들이 꽤 있는 것이다.

거꾸로 '공기계'라고 부르는, 통화가 안 되는 전화기를 일부러 가지고 다니는 아이들도 있다. 아이들에게 스마트폰은 통화용보다는 게임용으로 더 유용하다. 점심시간에 이미 밥을 다 먹은 시간인데 교실 불이 꺼져 있어서 "왜 어둡게 불도 안 켜고 있니?" 하고 전등을 켜면 어둠 속에서 후다닥 흩어지는 무리들이 있다. 영락없이 '공기계' 스마트폰으로 게임하는 것을 주변에서 구경하는 아이들이다.

몇 년 전 담임을 맡은 반에는 스마트폰 중독 증상이 심한 아이가 하나 있었다. 아침 독서 시간마다 축 늘어져 엎드려 있는 경우가 많아 "어디 아픈 거니?" 하고 걱정스레 물으면 반 아이들은 "쟤 전자파 금단 증상이에요. 오후에 스마트폰을 받으면 금방 나아요"라고 말하곤 했다. 그런 친구들의 놀림에 상처받으면 어쩌나 걱정했는데, 종례 시간에 스마트폰을 돌려받은 그 아이가 "아~ 그리웠던 이 전자파 향기~!"라고 외치면서 전화기를 뺨에 문질렀다. 반 아이들과 모두 함께 웃었다.

그 학생은 아침에 거의 매일 지각을 했다. 어머니 말로는 아침 일찍 매우 여유 있게 집을 나가기 때문에 그럴 리가 없단다. 알고 보니 천천히 걸어오면서 게임을 하거나 어떤 때는 아예 벤치에 앉아 게임을 하다가 와서 지각을 하는 것이었다. 청소할 때도 한 손으로 게임을 하고 다른 한 손으로 걸레를 문지르며 제대로 청소를 하지 않으니 그 아이와 당번이 된 아이들은 늘 불만이 많았다. 그 아이뿐이랴, 아침에 스마트폰을 낼 때는 교탁까지 십 리는 되는 것처럼 느릿느릿 나오고 종례 시간에는 교단 옆에 먼지가 일 정도로 전속력 질주로 달려 나오는 건 모든 아이들의 공통점이다.

학급회의로 '절제' 택한 아이들

쉬는 시간이나 점심시간이면 도서관에 아이들이 북적인다. 교실에서는 큐브를 하거나 비행기를 접어 날리는 아이들도 있고 대부분 공놀이를 하러 운동장에 나가 있다. 계단참에서 배드민턴을 하는 아이들도 있다. 스마트폰 사용이 금지된 학교 규정 덕분에 그나마 쉬는 시간에 이런 모습이 연출되는 것 아닐까? 만약 학교에서 스마트폰 사용이 허락된다면 이런 모습 대신 쉬는 시간이나 점심시간에 아이들이 일제히 교실에 앉아 고개를 숙이고 '무서운 고요' 속의 게임에 빠져 있지나 않을까?

내 이런 상상을 '선생 꼰대들의 과한 걱정'이라고 비판하는 이가 있었지만 이게 단지 기우이기만 할까 싶다. 물론 강력한 규정이나 '걸리면 한 달 압수'와 같은 벌칙으로 휴대전화를 금지하는 것만이 능사는 아니라고 생각하지만 말이다.

스마트폰 사용을 허용하자니 많은 폐해가 있고, 강제로 제출하게 하거나 벌칙을 부여하자니 학생들의 자율성을 침해

my universe

하는 것 아닐까 하는 딜레마에 빠진다. 이 문제를 해결하고
자 진지한 학급회의를 통해 스마트폰을 학교에 맡기지 않고
도 스스로 사용을 절제하도록 운용한 몇몇 학급이 있다.

　회의를 통해 휴대폰을 어떻게 관리할 것인가를 토론해 결
정한 학급 중에는 심지어 아예 담임에게 제출하지 않고 스스
로 잘 보관하되 일과 중에 꺼내지 않기로 약속한 반도 있었
다. 그들 모두가 쉬는 시간이나 점심시간에도 절대 사용하지
않았을지 어떨지는 모르겠지만 적어도 수업 중에 휴대폰 쓰
다가 수업을 방해하는 사례는 오히려 강제로 걷어 두는 반보
다 적었다. 학급회의에서는 '스마트폰을 꺼내고 싶은 욕망을
자제하지 못할 경우'에 대한 벌칙도 정한다. 학생들 스스로
만든 그 벌칙의 무게는 어쩌면 담임의 훈육보다 더 무거울지
도 모른다. 학생들이 배워야 할 것은 '통제'가 아니라 '자제'
일 것이다. (2016)

11

대한민국에서 중2로 산다는 것

내게는 아들 하나와 딸 하나가 있다. 지금은 철이 들었지만 이 아이들도 중2, 중3 때는 속깨나 썩였다. 지금(2014년) 고3인 딸아이는 중2 때 자기도 장난 아니었다면서, 그때가 병적인 시기라고 말한다. 이 시기에 아이들이 하도 짜증을 부려서 엄마인 나도 '가출 충동'을 느낀 적이 있다. 저녁에 혼자 빈 바람 부는 동네 골목을 헤매다 집에 들어왔는데, 애들은 내가 나갔다 온 줄도 모르고 있었다. 교복 줄여 입기, 밤새 통화하기, 컴퓨터 끼고 살기, 지나치게 멋 내기, 죽어라고 공부 안 하기, 맨날 집에 친구 데려오기, 밤늦게 들어오기……. 사춘기 자녀에 관한 책을 쓰래도 아들 한 권, 딸 한 권은 거뜬히 써낼 자신이 있을 만큼 많은 일화가 있다.

교사로서도 수년간 무수한 '병적인' 중딩들을 만나 왔다. 올해는 상담실에 근무하는데 어쩌면 이렇게 '아픈' 아이들이 많은지 한숨이 절로 나올 정도다. 분명 세월이 갈수록 아픈 아이들이 늘어난다. 집중력도 모자라고, 예의도 싸가지도 없고, 지적 능력은 점점 떨어지고, 말은 거칠어지고, 갖은 사건 사고도 저지르고……. 때로는 조울증 환자처럼 변덕스럽고, 하염없이 무례하다가 하염없이 다정다감한 게 이 무렵 아이들이다. 떼로 몰려다니며 놀 때는 하룻강아지들처럼 눈에 뵈는 게 없이 행동하다가도 조곤조곤 이야기하면 그렇게 순

사춘기라는 세계

하고 천진한 녀석들이 없다.

　부모에게 상처받은 아이들, 친구들 사이에서 감성이 생채기투성이가 된 아이들도 많다. 아무리 무난히 커 온 아이라도 지나친 학업 부담으로 대부분 우울하다. 그 우울을 달랠 수 있는 거의 유일한 즐거움이 컴퓨터 게임이고, 게임을 할 때만큼은 아이들은 서로 다정하다. 운동을 하고 몸싸움을 하며 뛰어놀 때 남자아이들은 지나칠 정도로 명랑해서 저 녀석들이 우울하다고는 아무도 생각하지 못한다. 하지만 '우울'이라는 게 결코 고즈넉하고 무기력하게 오지만은 않는다는 것을 어른들은 잘 모른다. 명랑 쾌활한 우울은 더 무섭다. 아이들이 가면을 쓴 게 아니라 자기 자신이 우울한 줄도 모르는 것이기 때문에 더욱 그렇다.

　이렇게 많은 중고딩들의 '만행'을 보고 겪은 나, 점점 심해지는 그들의 증세를 안타까워하는 교사이고 부모인 나이지만 감히 말하고 싶다. 아이들에게 '병명'을 선언하지 말라고 말이다. 우리 아이들은 착하디착한 천사들인데 왜 욕하느냐고 감싸고도는 것이 아니다. 오히려 누구보다 거칠고 아픈 아이들을 보면서, 마치 내일모레 죽음을 선고받은 사람에게 "곧 돌아가실 거잖아요?" 하고 대놓고 말하는 사람을 보는 것 같은 불편한 마음이 들어서다. 그렇다고 시한부 목숨 앞에

천명을 전해야 하는 이의 의무처럼 분명하고 과학적인 선언
을 하려는 것도 아니다.

과연 중2병이란 게 있긴 한 걸까

국어 시간에 '우리 안의 차별과 편견 없애기'라는 주제로
만화 그리기 수업을 했다. 우리 사회의 약자들, 소수자들이
누구일까를 생각해 보고 그들의 입장을 대변하는 만화를 그
려 보자고 했다. 한 아이가 그린 만화 중에, 아이들 여럿이 축
구하러 가려고 모여 있는데 어른들이 이상한 아이들인 줄 알
고 와서 야단을 치는 내용이 있었다. 그때의 억울한 기분을
만화로 그린 것이다. 청소년들은 사회적 약자이다. 어른들은
중학생들이 몰려다니면 두렵다고 하는데, 아이들은 몰려다
니기라도 하지 않으면 세게 보일 수가 없다. 어른들이 길거
리에서 만난 청소년들을 '아름다운 우리의 미래'라고 보지
않듯이 그들도 어른의 무리를 잔소리는 할지언정 자신들에
게 '좋은 가르침을 줄 사람들'이 아님을 잘 알고 있다. 아이들
에게 길에서 만나는 어른은 편견을 가진 차가운 시선의 소유
자이거나, 위협적 존재이거나, 방관자인 것이다. 서로 어긋
나 버린 시선을 어디부터 따져야 할까? 국어시간에 했던 문
학작품 쓰기에서는 한 아이가 이런 글을 썼다.

대한민국 국민들은 중학교 2학년들을 중2병이라며 등신 취급을 한다. 아마도 몇몇 중학생들의 행동으로 전체를 평가하는 듯싶다. 친구들이나 내가 잘못했을 때 언제나 따라붙는 수식어 중2병은, 중2들이 하는 것처럼 행동하는 사람들을 부르는 말이다. 도대체 중2들이 하는 것이 무엇인가? 학교와 학원 또는 방과 후를 돌며 주중엔 공부의 노예로 살다가 주말에 자신들 뜻대로 하는 것? 반항하는 것? 어른들이 우리의 스케줄을 체험해 본다면 저절로 반항심이 길러질 것이다. 또한 어른들도 사춘기를 경험해 보았을 것이다. 인생 선배로서 중2들을 이끌어 나갈 생각은 하지 않고 왜 우리를 비난하는 것인가?

대한민국에서 중2로 살기. 색안경을 끼고 사는 사람들 속에서 사는 것이다……. 부모님 뜻은 사실 좋은 대학 가라는 것이지만 그렇게 공부만 하면 친구들에게 찐따 취급을 당한다. 이도 저도 할 수 없는 상황이다.

많은 언론에 의해 '중2병'이라는 '선언' 이후, 별로 '중2병'스럽지 않던 아이도 자기가 하는 행동을 돌아보며 '내가 중2병인가?' 생각하기도 하고 그다지 우려할 정도가 아닌 일반적인 청소년기의 현상들조차 병증으로 인식되는 현상이 팽배해지고 있다. 그 또래 자녀를 둔 어머니들도 고통을 받고 있다. 아이들에게 잔소리라도 할라치면 "나 사춘기거든? 사춘기 땐 원래 이런 거거든?" 이러면서 자기 행동에 대한 반성이나 사과를 하지 않는다는 것이다. 그런 용어들이 아이들의 잘못된 행동에 대한 면죄부가 될 수는 없지 않은가?

예부터 사춘기적 특성은 동서고금 비슷하게 있어 왔다. 만약 사춘기를 '병적인 시기'로 보아 그와 같이 명명했다면 나는 사춘기 옹호론을 펴고 싶다. 아이들이 대체로 정서적으로 불안하고 예민한 것은 감성이 최고조로 순정한 시기이기 때문에 그런 것일 수 있다. 어른에게 반항하고 걸핏하면 짜증을 내는 시기이지만 한편으로 인생에서 가장 많은 음악을 몰입해서 듣는 시기이기도 하다. 친구들과의 관계를 통해 울퉁불퉁하게나마 사람 귀한 줄을 배우는 시기이다. 삶과 죽음, 영적 세계와 신비로움에 대해 민감하게 눈뜨는 시기이기도 하다. 창의적인 일을 하는 사람들 태반이 이 시기에 자신의 예술성을 발견했고, 사회 정의를 삶의 기조로 삼고 살아가는 사람들 대부분이 이 시기에 세상에 눈을 뜬다. 그냥 평범한 삶을 살아가는 이들도 사춘기 때만큼 맑은 감수성의 시기를 이후에 별로 누리지 못한다. 그래서 나는 아이들에게 너희들이 지금 힘들지만 얼마나 아름다운 시기를 보내는지 감사히 여기고 자신을 잘 들여다보라고 말한다.

아이들은 복합적인 감정을 모두 '짜증 난다'고 표현한다. 어른들은 "넌 '짜증 나' 말고는 할 줄 아는 말이 없니?"라고 묻지 말고 "아냐, 지금 넌 슬픈 거야", "지금 많이 졸리지?", "아들, 오늘 화난 일 있었어?", "딸내미, 용돈 필요해?", "우리 친구들, 체육 하고 와서 많이 덥구나?" 하면서 다양하게 감정을 표현할 수 있는 '반영적 경청'을 어른들이 실천하려는 노력이 필요하지 않을까. "아, 뭐래?" 하면서 시큰둥하던 아이들도 속으로는 '그래, 지금 난 슬픈 건지도 몰라', '아, 이럴 땐 화가 난다고 말해야 하는 거구나', '맞아, 난 지금 더워서 짜증이 나는 거야', '지금 졸리니까 한숨 자면 기분이 괜찮아지겠구나.' 이렇게 자기 자신을 들여다보게 된다. 그리고 그렇게 '배운' 표현을 쓸 줄 알게 되면서 아이들은 성숙하고 성장한다.

당신 안의 중2병?

다음은 『중2 혁명』*이란 책에서 소개된 소위 중2병 진단 문항이다. 내 아이가 중2병인지 아닌지 체크해 보라고 목록이 나와 있다.

---

*『중2 혁명』, EBS 다큐프라임 "교육혁명, 15세에 주목하라 제작팀", 조미혜, 위즈덤하우스(예담), 2014

<중2병 체크 리스트>

자신이 최고라고 생각한다 ☐

어른에게 반항한다 ☐

충동적이다 ☐

감정조절이 안 된다 ☐

친구가 무엇보다 중요하다 ☐

좋은 친구관계를 유지하기 어렵다 ☐

부모와 멀어진다 ☐

외모에 대한 관심이 높다 ☐

자신의 외모에 불만족스럽다 ☐

감정기복이 심하다 ☐

군중심리가 있다 ☐

성과 이성에 관심이 높다 ☐

아무 이유 없이 우울하다 ☐

진로에 대한 고민이 많다 ☐

미래에 대한 막연한 불안과 희망이 있다 ☐

나는 이것을 쭉 보면서 웃음이 좀 나왔다. 어른들에게 이 목록을 작성해 보라고 하면 어떨까? 특히 아빠들, 혹은 주변에 자기가 최고인 줄 알고 있는 '남자 어른'이 있다면 그 사람을 여기 비추어 보라. 갱년기 즈음의 정서가 불안정한 어른이나, 나이는 많지만 삶에 대한 긍정과 너그러움을 얻지 못한 노년에게도 표시할 항목이 많은 목록일 것이다. 예전에는 어른이 된다는 것이 행동은 경박하지 않고 생각은 깊어지는 어떤 단계를 뜻했지만 요즘의 어른들은 꼭 그렇지만도 않으니 말이다. 세상은 전반적으로 경박해지고 자기중심적으로 변해 간다. 나는 '어른들' 이야기를 하는 것이다. 아이들이 저런 양상을 보일 때 '사춘기라서 그렇다'고 생각하고, '이것도 다 지나가리라' 생각하면 그나마 조금 위안은 되지만 어른들은 잘 변하지도 않으니 이 얼마나 가슴 답답한가 말이다.

아이들은 잘못을 반복하지만 그들 나름대로 질서가 있고 사람을 배려하는 마음이 있다. 세월호가 침몰할 때 가장 가슴 아팠던 상상은, 저기서 죽어 간 아이들이 길거리에서 마주치면 "존나, 씨바"를 입에 달고 다니던, 어른들 몰래 숨어서 담배도 피우던, 치마도 짧게 줄여 입고 몰래몰래 화장을 하던, 그런 아이들이었을 수도 있으리라는 상상이었다. 길에서 만나면 "요즘 것들은…" 하고 쯧쯧 혀를 찼을지도 모를 그런 아이들이어도 좋으니 살아만 돌아온다면 담배 좀 빤들, 치마 좀 줄여 입은들, 공부 좀 안 한들 어떻겠는가 하는 생각에 가슴이 더 미어졌다. 삶과 죽음의 운명 앞에 그런 잘못들 따위는 기실 아무것도 아니었다. 정작 어른들이 보기에 어설퍼 보이던 그 아이들은 자기가 입던 구명조끼를 벗어 친구에게 건네고, 자기가 있던 안전한 곳을 버리고 위험을 알리기 위해 돌아올 수 없는 아래층으로 친구를 부르러 내려갔다. 수업 시간에 야단친다고 교사 '뒷담 까던' 아이들이 "선생님은?" 하고 교사의 안위를 걱정했다. 우리는 과연 저 아이들의 어설픈 사춘기를 흉볼 자격이 있는가?

중2병이라는 말 대신, 살아 있는 기도를

내가 느끼기에 요즘 아이들이 예전 아이들보다 정신적으로 어려지고 산만해지고 어른들에게 함부로 하는 것은 사실이다. 그게 좋은 현상은 물론 아니다. 그러나 그런 변화의 원인은 당연히 어른들에게 있다. 치마를 줄여 입고 화장을 한다고 여학생들을 나무랄 게 아니라 다 벗다시피 하고 나오는 TV 속 걸그룹에 홀린 적은 없는지, 아이들이 상말을 입에 달고 다닌다고 혀를 차기 전에 인터넷에서 얼굴을 감추고 잔인

한 욕설을 날리는 어른은 아니었는지 돌아볼 일이다. 담배를 피우는 아이들은 나쁘지만 가슴이 답답해 담배라도 피우지 않으면 견딜 수 없게 만든 게 누군지 생각해 보아야 한다. 어른들은 직장에서 자기보다 직급이 낮거나 비정규직이거나 나이가 어리거나 행동이 굼뜬, 조금이라도 불리한 위치에 있는 사람들과는 상대도 하지 않으면서 자기 아이가 학교에서 다른 아이들에게 무시당한다고 '열폭'한다. 어른들은 살기 힘들다는 말을 달고 살면서 아이들이 나약해서 옥상에서 뛰어내린다고 질타한다. 세상이 소용돌이라 어른들이 같이 휘말리면, 그 품에서라도 아이들이나마 안전하게 살 수 있도록 도울 생각을 하지는 않고 아이들 탓만 한다. 세상이 후져서 아이들이 다 같이 후져진다면, 후진 세상을 비판하는 나는 과연 이 풍진 세상을 조금이라도 나은 곳으로 만들기 위한 노력을 했는지 돌아볼 일이다.

중2병, 그래, 정말 그런 게 있다고 치자. 고작해야 이 세상에 나와서 14, 5년 산 아이들이다. 사춘기라 몸과 뇌가 미쳐서 그런 거라면 21세기 대한민국 아이들만이 아니라 삼천 년 전 이집트의 아이들도 그랬을 것이다. 몰랑한 찰흙 같은 이 아이들은 촉촉하고 따스한 손길로 어루만지고 어루만져 곱디곱게 키워 가야 하는, 손 많이 타는 귀한 사람들이다. 하루에도 열두 번씩 좋은 말 고운 말을 들려줘도 부족할 터인데 아직 다 여물지 않은 아이들에게 '병'이라니…… 설령 병이 있는 아이라 할지라도 "너는 병이래, 그래서 이렇게 미쳐 날뛰는 거래, 앞으로 한 7, 80년 후에 죽는대" 이렇게는 말하지 않을 것이다. 그러니 이제부터는 '중2병'이라는 말 대신에 아이들을 위한 살아 있는 기도*를 올리자. 저기 걸어 다니는, 죽지 않은 싱싱한 생명에 감사하고, 그들이 싹 틔울 세상이 건강할 수 있도록 좋은 말들로 그들의 테두리를 감싸 주자.

(2014)

---

*고정희 시인의 시 「우리들의 아기는 살아있는 기도라네」(『눈물꽃』, 1986)에서 갈무리한 문장입니다.

12

남중생 언어생활 관찰기

나는 30여 년째 남자 중학생들을 만나 온 자칭 '남중 전문 교사'이다. 국어를 가르친다. 어느 프랑스 소설에 나오는 것처럼 나도 나를 멋들어지게 '문학교사'라고 소개하고 싶다. "남자 중학생한테 문학을 가르친다구요? 그게 가능합니까?" 하고 놀라거나 비아냥거릴지도 모른다는 두려움을 무릅써야만 그런 소개가 가능할 것 같긴 하다. 예로부터 인류 최대의 숙제가 10대 남자아이를 잘 기르는 거라고 했던가. 생활 지도조차 쉽지 않은 판국에 국어를, 바른말을, 심지어 문학을 가르치겠노라 덤비는 내게 주변 사람들은 입을 모아 말한다. "참, 힘드시겠어요."

넘실거리는 '검은 혀'의 무리들

그렇다. 참 힘들다. 첫째, 알아듣게 뭔가를 일러 주는 일도 힘들고, 일러 준 대로 말하고 쓰지 않는 그들을 보는 것도 힘들다. 쉬는 시간이면 복도에 넘실거리는 '검은 혀'의 행렬이 이어진다. 'ㅆ, ㅈ, 개-' 이런 말들을 앞뒤에 달고 사는, 언어인지 포효인지 모를 소리를 내뱉는 그들과 부대끼는 일이 힘들다. 최근 그들은 된소리와 거센소리에 더해 엄마욕(패드립)까지 한다. 동성 친구들끼리도 '~년'이라 부르면서 여성혐오로 가득한 말을 내뱉는다. 내가 가슴을 치며 기도를 해야 할 지경이다. '내 탓이요, 내 탓이요, 그동안 저는 무엇을 가르쳤을까요.'

얼마 전 수업 시간에 아이들의 수다를 엿들었다. "지난주에 대학로를 지나는데 페미니스트들이…… . 아휴, 재수 없어." 놀라운 사실은 젊은 남자들 중 상당수가 '페미니스트'란 단어 자체를 욕으로 쓴다는 거다. 그 아이가 내뱉은 '페미니스트'라는 말에도 혐오감이 듬뿍 담겨 있었다. 깜짝 놀란 나는 그에게 다가가 "00아, 페미니스트라는 말은 나쁜 뜻이 아니야."라고 말했다. 마음 같아서는 아이를 붙들고 몇 시간이고 페미니즘이라는 용어의 뜻과 운동의 역사를 설파하고 훈육과 훈계를 통해 그로 하여금 "아, 그렇군요. 앞으로 페미니즘에 대해 책 좀 읽어 보고 그 말을 적절하게 사용하도록 노력하겠습니다."라고 승복하게 하고 싶었다.

하지만 나의 교육철학은 '설득되지 않은 훈육은 없다'이며 '억지로 승복하게 하는 것은 필시 부작용을 불러일으킨다'는 것이므로 그렇게까지는 하지 않았다. 다만, 아이에게 무슨 일이 있었는지 물었다.

휴대폰을 보면서 길을 걷고 있는데 앞에서 어떤 누나 둘이 자기더러 "저희 찍으셨죠?" 하더란다. 경찰까지 출동했단다. '너무 억울했다'까지는 이해가 되는데, 뒤이어 "아오, 얼굴은 완전 빻아가지고(못생겼다는 뜻의 속어)……."를 덧붙였다. 이 말을 듣는데 불편한 마음이 불쑥 솟아올랐다. 교사 앞이고 수업 시간이라 더 심한 말은 삼갔겠지만 쉬는 시간 자기들끼리의 대화였다면 "내가 주말에 어떤 꼴페미X들을 만났는데 졸X 뚝배기 깨 버리고 싶더라. 경찰 오고 완전 개재수, 아, 씨X 말도 얼마나 재수 없게 하던지 '저희 찍으셔쪼? 찍으셨짜나요오~' 그런다? 아 X발." 이랬을 거다. 어느 부분에 X표를 얼마나 해야 할지 고민될 정도로 괴로운 언사를 나는 날마다 들으면서 살아간다.

남자아이들이 친구들에게 많이 하는 욕은 '씨X년, (에미) 뒤X년'이다. 한번은 복도에서 욕하는 아이를 그 자리에서 붙들어 왜 남자에게 여자 욕을 하는지 물어보았다. 아이들의 답은 논리가 없다. "그냥요, 애들도 하니까요, 쟤가 먼저 장난쳤어요." 그런다. 말로는 표현하지 못하지만 사실 그들은 여자에게 하는 욕이 남자에게도 더 모욕적으로 들린다는 것을 알고 있어서 그렇게 하는 것이다. 오히려 공개적인 자리에서는 여자를 무시하는 말을 하지 않는다. 심지어는 초등학교 남녀공학 교실에서 경험한 바가 있어서 그런지 '여자들은 똑똑하고 야무지다'고 말한다. 하지만 자기들끼리 있을 때는 여자를 성적으로 비하하는 말을 많이 한다. 힘으로 억누르고 싶지만 그럴 수 없는 속상함을 '어둠의 경로'를 통해 표현하는 건 아닐까. 그 속마음을 표현하자면 "너희가 아무리 똑똑하고 공부 잘해도 성적^{性的}으로는 나보다 약한 사람이잖아." 뭐 이런 걸까?

일상에 만연한 성차별의 시선

올해 초, 중2 학생들과 토론 수업을 했다. 토론을 하라고 멍석을 깔아 줘도 꿀 먹은 벙어리처럼 앉아 있곤 해서 우선, 아이들이 입을 열지 않을 수 없는 주제를 선택했다. 그리고 '말할 거리'를 미리 마련하도록 2주 전에 주제를 알려 주고 관련 자료를 조사해 오게 했다.

중2 남학생들이 입을 열지 않을 수 없는 주제가 무엇인가 하면 바로 '군대'이다. 고작 열다섯 살 난 남자 '아이'들에게도 5년 후 닥칠 '군대'는 공포의 대상이자 로망인 동시에 전설이자 허상이다. 하지만 무엇보다도 현실이다.

'징집제도를 징병제로 할 것인가, 모병제로 할 것인가?'

'대체복무제에 찬성하는가, 반대하는가?'

'징병제를 강행할 경우 여성도 군대를 가야 할까, 말아야 할까?'

이런 주제로 조사를 해 온 뒤, 본격적인 토론은 3차시에 걸쳐 펼쳤다. '징병제냐, 모병제냐'라는 이슈에 대해서는 거의 반반 수준으로 팽팽히 입장이 갈렸다. 주제를 제시했을 때는 대부분 "당연히 모병제죠, 누가 억지로 군대를 가고 싶어 해요?" 했지만 자료를 조사하고 논리를 펼수록 생각이 많아지는 모양이다. 대체복무제는 2018년 말 정부안으로 시행이 확정된 이후인지라 그다지 논란이 되지 않았다. 역시 쟁점은 '여자도 군대에 가야 할까'였다.

"여자는 애를 낳아야지요."

"남자들 다 군대 가 있는데 여자 혼자 애 낳아요?"

"아니, 댁(존댓말을 하랬더니 '당신'이랬다, '누구 씨'라고 했다가, 자기들끼리도 호칭이 뒤엉킨다)은 사랑하는 여친이 군대 가면 좋

선생이라는 이

겠어요?"

"만약 전쟁 나서 여자들이 총 들고 싸우면 적군이 우릴 얼마나 만만하게 보겠냐고~."

"남자들은 2년 동안 '삥이' 치는데 여자애들은 그 시간에 공부하고 먼저 취업하고, 불평등합니다."

"군필자 인정해 주는 거, 여자들은 또 그걸 갖고 차별이란다."

"여자들만 살기 좋은 세상이야."

"야야, 근데 여자들은 생리하잖아, 군대 가면 그건 어떻게 해?"

이쯤 되면 어지간해서 토론에 개입하지 않거나 침묵을 지키는 모둠에 가서 생각을 끌어내는 정도의 질문만 던지던 나도 참견을 해야 한다. 우선 여성의 군복무에 대해서는 '왜 많은 나라에서 여성 징집을 시행하지 않는지? 장점이 많다면 왜 여태 여성을 징집하지 않았을지' 생각해 보도록 유도한다. 출산과 육아 문제가 나오면 저출산 문제와 군 징집 문제의 연관성을 생각해 보도록 한다. 이 과정에서 어떤 학생들은 '여자도 군대를 가는 것은 비현실적이고 비효율적'이라고 정리하기도 한다. 그런 과정에 감정이 아닌 논리 사고가 작용하기를 바라기에 토론 수업을 하는 것이다. 토론이 산으로 가지 않을 만큼의 개입, 그러나 그 모든 과정을 자기들 스스로 해냈다는 성취감을 방해하지 않을 만큼의 적절한 영향력을 행사해야 한다.

모든 토론을 마치고 정리할 때는 교사의 개인적인 생각임을 전제로 의견을 제시하기도 한다. 학생들이 나를 신뢰해야만 나의 주장에 설득이 될 것이기 때문에 교사의 태도는 고

압적이어서는 안 된다. 하지만 결정적으로 잘못된 의견에 대해서는 단호하게 지도해야 한다. 가령 '여자는 애나 낳아야지 무슨 군대냐'라거나 '꼴페미들 군대 가서 고생해 봐야 남자가 힘든 줄 안다'는 식의 발언에 대해서는 차별적이고 혐오적인 측면을 단호하게 지적한다.

"나의 언어의 한계는 나의 세계의 한계다." 비트겐슈타인의 말이란다. 바른말 주간 캘리그래피 행사 때 몇몇 문구를 써서 교실 창문에 붙였는데, 그때 아이들에게 가장 많이 선택받은 말이다. 멋진 말이지만 사람마다 그 해석을 달리할 것이다. 어른이라면 언어적 지식의 빈곤함이 삶의 빈곤을 초래했다고 반성하거나, 혹은 자신의 철학의 부족함을 깨달았을 때 처절하게 인용할 수도 있고, 반대로 스스로의 교양이 공고함을 확신할 때나 정신적으로 풍요로운 삶을 살고 있다고 자신할 때 인용할 수도 있겠다. 하지만 중3 교실 창문에 붙여진 저 말은 소년들의 어떤 해석에서 나온 걸까 사뭇 궁금해진다. 멕시코의 저항가 마르코스의 "우리의 말이 우리의 무기입니다"도 본래 그 말이 나온 절절한 배경은 생략한 채 '우리 서로 말로 죽이기 없기다' 쯤으로 해석되기도 하니 말이다.

20대 딸아이의 고민

20대 초반의 딸아이는 페미니즘의 격동 속에 산다. 너그럽고 순한 남자친구도 있고 다정하고 생각이 많은 오라비도 있지만 그들과도 건널 수 없는 성평등에 대한 인식 차가 있다. 연애 초반에는 남녀차별에 대한 논쟁으로 싸운 적도 있다 한다. 딸아이가 생각한 해결책은 이랬다. "엄마, 페미니즘 책 좀 소개해 줘. 내가 먼저 읽고 남친한테 권하려고." 딸아이와 나는 여성학자 정희진이나 리베카 솔닛의 책을 찾아 읽었고, 아이는 그 책을 남친에게 주었다. 그렇게 딸이 권한 책을 읽고 토론(논쟁?)을 펼친 그녀의 남친은 페미니스트 전사로 변신했을까? 그럴 리가. 적어도 본질에서 벗어난 일로 서로를 미워하거나 언성을 높이지는 말자는 선에서 이야기는 마무리되었나 보다. 그러나 나는 그런 회피가 더 두렵다. 논쟁을 피하는 것이 겉으로는 평화로워 보이지만 지뢰를 묻어둔 것이나 다르지 않기 때문이다.

실제로 페미니즘 논쟁 때문에 숱한 커플이 깨지기도 한단다. 남자아이들끼리도 "네 여친 메갈이냐? 헤어져라" 하거나 "헤어진 전 남친은 전형적인 한남이었다"면서 한때 사랑했던 사람마저 페미니즘 논쟁 속에 적대적으로 만드는 현실이다. 그러니 기꺼이 독서토론에 발을 담근 딸애의 남친은 기특하기까지 하다.

하지만 딸아이는 "엄마, 남자들은 왜 그럴까? 남자친구도 그렇고 오빠도 그렇고 여자들이 겪는 고통을 너무 몰라. 페미니즘에 대해 부정적이야"라고 말했다. 그때 내가 들려준 이야기는 두 가지였다. 우선 남편에 대한 얘기였다. "네 아빠가 지금은 세상 천사 같지만, 여성주의적 삶의 태도를 갖게 되기까지 내 입장에선 30여 년의 지난한 투쟁의 과정이 있었다. 많은 성찰과 희생(기득권 포기라는)을 거쳐 거의 '아점마(아저씨지만 아줌마로 살기)'로까지 진화한 아빠가 대단한 거다."

남편은 자타공인 진보적인 사람이지만, 결혼 초에는 그 역시 '내가 밥상은 차려 줄 수 있지만 아기 기저귀는 갈지 않을 거야'(밥상 차려 준다는 말이 너무 좋아서 그 뒷말은 흘려들었다) 이런 말을 하지 않나, 세탁기가 없어 만삭의 올챙이배로 손빨래를 하는 나를 보고도 모른 척하지를 않나……. 그러던 그가 공부하다가 잠을 쫓겠노라 양말을 직접 빨아 보더니 "이렇게 힘든 빨래를 혼자 했던 거군!" 하며 대오각성을 하고 둘째 때는 시키지 않아도 기저귀를 갈아 주기 시작했다. 그렇게 슬슬 진화한 남편은 이제 텔레비전 보면서 빨래도 개고 과일도 깎는다. "뭐? 아직도 『82년생 김지영』을 안 읽었다고? 그 남자도 참……" 이럴 때 그에게서는 자매애(?)까지 느껴진다.

나는 이런 말도 덧붙였다. "오빠나 네 남친은 꼴페미니, 쿵
쾅이니, 김치녀니, 한녀니 이러면서 한국여자를 비하하는 사
람들도 아니고 페미니즘이라는 말을 오해하는 사람도 아니
지 않니? 아무리 노력해도 결코 닿을 수 없는 한계는 있을 거
야. 여자들이 수천, 수만 년 겪어 온 차별과 고통과 공포를 남
자들이 완전히 이해하고 함께 싸운다는 건 무척 어려워. 그
렇다고 모든 남자가 적은 아니잖아. 또한 페미니즘이 모든 남
자를 적으로 여기는 운동도 아니잖아. 그들처럼 비록 한계가
있더라도 같은 편인 사람들조차 적으로 몰아가진 않았으면
좋겠어."

이런 말을 건네는 나도 두 감정 사이에서 갈등한다. 여자
로 살아오면서 당해 온 모든 차별과 두려움이 딸에게도 대물
림되나 싶은 공포심에 복수의 칼 입에 물고 소복 자락 휘날리
며 소나무 사이를 날아 여혐과 맞서 싸우러 다니고 싶은 마
음과, 내 제자들과 아들이 싸잡아 무고하게 '여혐주의자, 성
범죄자' 취급받지는 않았으면 좋겠다는 마음 사이에서.

한국에서 페미니즘 논쟁은 이제 겨우 목소리를 내기 시작
했다. 이제 시작일 뿐, 우리는 더 많이 싸워야 하고 기득권을
가진 이들은 더 많이 깨져야 한다. 기득권을 누려 본 적도 없

는데 억울하기 짝이 없다고 주장하는 젊은 남자들이 생각하는 '억울함'은 남자로서 충분히 누리고 살 줄 알았던 많은 즐거움이 차단된 데서 오는 억울함은 아닌지 생각해야 한다. 자기 아버지 세대는 누렸는데 자기들은 못 누린다는 상대적 억울함이어서는 안 된다.

페미니즘 싸움은 결코 남녀 대결이 아니다. 물론 출발은 그러할 수밖에 없지만 궁극에는 인권 싸움이고 정치권력의 싸움으로 확대될 것이고, 이 단계가 넘어가면 새로운 지평이 열릴 것이다. 하필 그 정점에 20대 여성으로 살아가야 하는 내 딸, 하필 그 진흙탕에 10대 남자사람들과 함께 공부해야 하는 나(물론 이 혹독한 시기에 10대와 20대를 살아가는 남자들에게도 연민을 표하는 바이다)는 고통이 이만저만이 아니지만 말이다. 그러고 보니 모두 고통받는데 기득권의 달콤한 열매는 도대체 누가 누리는 건지 생각해 봐야겠다. 그가 바로 우리 모두의 적이겠지.

김지영과 모성신화

영화 <82년생 김지영>을 보고 온 딸이 말한다. "난 남친이랑 같이 볼 생각이 없었거든? 보고 나서 또 싸울까 봐 싫다고 했어. 근데 걔가 먼저 보러 가자고 하더라. 영화 보면서 남친은 자기 엄마 생각이 났대. 형제들 때문에 하고 싶은 공부도 못 하고 일하고 싶었는데 아이들 키우느라 못 해서 아쉬워하셨다고. 나는… 맞벌이 하면서 우리 키우느라 늘 힘들어했던 엄마가 떠오르더라."

페미니즘 논쟁에 불을 지핀 소설과 영화가 어쩌다 모성신화로 귀결되는지는 모르지만, 치졸한 별점 테러나 혐오적 논쟁보다는 '어머님 은혜'로 접어드는 게 더 나을지도 모르겠다는 생각을 잠깐 해 본다. 그나마 영화를 보고 왔다는 30, 40대 남자들이나 딸의 남친처럼 생각이 많은 이들은 숙연해지기라도 하는 그 '엄마' 코드가 미안하지만 지금 학교에서는 음침하고 끈적하게 키득거리는 화두라는 현실에 마음이 무겁다.

학교에서 공부하다가 땡볕에 밭일하실 엄마 생각이 났다는 교과서 시에도, 윤동주 「별 헤는 밤」의 "별 하나에 어머니, 어머니. 어머님, 그리고 당신은 멀리 북간도에 계십니다" 대목을 고즈넉하게 암송하다 말고, "형태소에는 어근과 어미가 있는데……"를 배우다 말고 "엥? 니 어미?"를 소곤거리는 중2들을 봐야 한다. 사형 언도를 받은 흉악범도 어머니 이야기에 눈물을 흘리더라는 미담은 이제 더 이상 세상에 존재하지 않을지도 모르겠다는 생각마저 든다. 저들에게 '낳아

주신 어머니의 숭고함'을 말하면 '그 숭고한 어머니가 저희를 학원으로 내몬 지 어언 10년입니다' 하는 아이들. 중1 아이가 랩 형식의 시를 썼는데 자기 비하와 자기 어머니 비하를 듬뿍 담아서 충격받은 일이 있었다. 부모가 이혼한 후 아빠와 단둘이 살고 있는 아이가 세상 모든 엄마들을 싸잡아 '창녀'로 표현한 일도 있었다. 부모 모두에게 매를 맞는 아이가 엄마는 '미친년'이라고, 죽여 버리고 싶다고 말한 적도 있다(아빠는 게임을 허용하기 때문에 밉지 않단다). 그런 아픈 사연이 있는 아이들뿐 아니라 보통의 아이도 경쟁 세상으로 자기 등을 떠미는 엄마에 대한 원망을 '남의 엄마 모욕 주기'로 풀고 있는 게 아닐까 싶다.

희망을 희망으로 대체할 수 있길

말세인가 싶다가 우리 사는 세상이 설사 소돔과 고모라일지라도 아직 의인이 10명은 있겠지, 아니, 10명의 의인보다 더 막강한 깨어 있는 다수가 연대하려 애쓰고 있겠지, 희망을 끌어올려 본다. 문학평론가 황현산 선생이 말씀하셨다. '희망으로 희망을 대체한다는 생각은 진보주의의 가장 중요한 원리'*라고. 욕하는 아이들이 늘고 강도가 더_세진다고는

---

*『사소한 부탁』, 황현산, 난다, 2018

하지만 그 흙탕물 안에서도 끝끝내 욕설을 입에 올리지 않는 아이들도 있고, 반마다 포진한 '거친말 대마왕'들을 좋아하지 않는 아이들도 많다. 대마왕들 또한 돌이킬 수 없을 만큼 영혼이 상해서 그런 것은 아니라고 믿는다.

아이들의 언어생활이 교사인 내 탓만은 아니라 위안한다고 부끄러움이 사라지는 것은 아니다. 나는 작은 물방울이 모여 세상을 바꿀 수 있다고 진심으로 믿는 사람이고, 그런 믿음에 근거하여 나의 실천들도 곰실곰실 나아갔다. 그러니 '내가 할 수 있는 일에는 한계가 있었다'는 변명에서 멈추지 않고, 검은 혀를 가진 남중생들과 끊임없이 대화를 나눌 것이다. 토론을 벌이고 자기 말을 돌아보게 하고 아름다운 글을 읽게 할 것이다. 눈을 감고 윤동주의 「서시」를 외우던 열다섯 살 소년들에 대한 믿음을 저버리지 않으리라. 그들이 자기 말을 돌아볼 줄 아는 지혜로운 청년으로 자라나리라는.

(2019)

4부

학교에서 행복합니다,
우리는

01

모둠 수업을 하는 이유

"야, 야, 스티브 잡스가 마이크로소프트 사를 만든 거 맞지?"
"뭔 소리야, 애플이잖아, 애플."(엥?)

"내가 볼 때 너 그거 보상심리야."
"그런가? 하긴 내가 피해의식도 좀 있긴 해."(엥?)

내가 '엥?' 하는 이유가 있다. 저 대화가 중1 독서 모둠 활
동 시간에 자기들끼리 수다를 떨며 나눈 대화들이기 때문이
다. 전 같으면 "수업과 상관없는 대화는 자제하세요~." 할 텐
데 색연필로 그리고 가위로 오리고 책자를 만들고 다 쓴 글을
옮겨 적고 하는 활동을 할 때는 아무리 말리려 해도 '수다'를

떤다는 사실, 그리고 그런 수다가 친교에 도움이 되어 결국 모둠 활동 수업의 목표인 '협동심 기르기'에 도움이 된다는 사실을 깨닫고부터는 그냥 둔다.

새로운 면을 발견하는 시간

토론을 하거나 협의를 통해 결론을 도출하는 탐구활동을 할 때야 당연히 주제 외의 대화를 나누지 않는 게 맞지만 노작 활동을 할 때의 수다는 '꿀맛'이다. 옆에 가서 슬쩍 들어본다. 요즘 아이들이 즐겨 듣는 노래 이야기도 나오고 여자친구 이야기도 나온다.

"넌 그러니까 솔로를 못 벗어나는 거야."

"여친이랑 헤어지는 슬픔 좀 맛보고 싶다."

"그런 말 마라, 내가 요즘 얼마나 힘든데."

자기들끼리 이런 연애상담도 한다. 얼떨결에 아이들 대화에 끼어 본다.

"민준이 여자친구랑 헤어졌어? 그래서 너 요즘 얼굴이 어두웠구나."

"샘, 얘가 요즘 얼마나 나댔는데요."

"아냐, 슬픔을 명랑함으로 뺑끼칠한 거였겠지."

"맞아요, 쌤, 제 마음을 알아주시네요."

뭐 이런 대화.

코로나로 2년 동안 못 해 본 모둠 활동을 다시 시작한 요즘 "다음 시간엔 모둠 활동 할 거예요." 하면 아이들은 "예이 (Yea)~" 하면서 좋아한다. 하지만 사실 남학생들은 자칫 '수줍음 1/4, 다툼 1/6, 베끼기 1/7'로 모둠 수업 시간을 대충 즐기며 보낼 위험이 있기에 교사가 치밀하게 수업 준비를 해야 한다.

모둠 수업은 일방적 강의나 이해 중심의 수업을 힘들어하는 학생들에게 다양한 경험과 실전의 기회를 준다. 외우고 이해하는 건 잘 못하지만 말하기는 잘할 수 있는 학생, 지식을 측정하는 시험을 보면 썩 좋은 점수를 얻지는 못하지만 문학적 글쓰기는 잘하는 학생, 국어 공부를 좋아하지는 않지만 책 만들기를 할 때 아름다운 꾸미기 재능을 발휘하는 학생들에게 모둠 활동은 다양한 장점을 스스로 발견할 기회를 주는 것이다.

나는 늙고 너희는 자라고

그런 좋은 점이 많은 걸 알긴 하지만 모둠 수업은 일반적인 수업의 두세 배 힘이 드는 것도 사실이다. 수업을 마치고 나올 때마다 너무 힘들어서 '내가 미쳤지, 이걸 30년을 하고

80년대 개그
웃기지. 웃기잖아 ㅡ

국어 최고?

아ㅡ주 좋아♡

조용히들 해, 쫌!

남중 30년
나는 누구인가 여기는 어디인가

모둠수업을 마치고 난 후

풀 꽃 샘

있다니.' 중얼거리곤 한다. 한 시간 만에 일주일 치만큼 확 늙어 버린 기분이 든다.

어제도 중2 어느 반에서 군대제도에 대한 모둠토론을 하고 나왔을 때 사달이 났다. 수업은 완벽했다. 단 한 명도 참여하지 않는 학생이 없었으니. 사실 그 반에는 초등학교 때 오래 왕따를 당해 온 상처 때문에 친구들과 말도 잘 섞지 않는 석이라는 학생이 있다. 그런데 걱정했던 석이마저도 좋은 친구들의 도움을 받아 자기 주장도 펴고 활동지 작성도 서로 돕는 게 아닌가! 교사는 이런 보람으로 수업을 하는 것이다. 아이들은 모두 열심히 공부했고 적극적으로 토론에 참여했고 그 모든 활동지를 걷자마자 종료 종이 치고……. 목요일 7교시 가장 힘든 시간이었지만 가장 완벽했던 수업을 마치고 나오려는 순간! 저쪽 구석의 아이들 둘이 눈에 들어온다.

한 장난꾸러기가 허연 액체 같은 걸 친구 얼굴과 목에 마구 칠하고 있다. 당하고 있던 아이가 피하다가 결국 그 아이 얼굴을 때렸다. '싸다구를 올렸다?' '뺨을 때렸다?' 아니 그보다는 '귓방망이를 때렸다'고 해야 할까? 그 뭐라 불러야 할까, 장난과 폭력의 미묘한 사이 지점의 그 행위를.

싸움이 일어났다고 하기엔 애매하지만 남자아이들은 화해의 대화를 나누다가도 갑자기 울컥하고 주먹을 날리는 경우가 있는지라 일단 둘을 분리. 얼굴에 그 허연 무언가로 테러를 당한 아이는 화장실에 가서 씻고 오라고 하고 장난을 친 우준이를 먼저 야단쳤다. 자기가 잘못했다고 인정을 해서 그나마 다행이랄까. 화장실에 다녀온 중기와의 대화는 좀 길었다.

"중기야, 내가 다 봤어. 우준이가 너한테 그거 묻히는 거. 네가 짜증이 날 법하더라고. 하지만 그런다고 주먹을 날려?"

"우준이가 5교시부터 계속, 아, 그 선크림도 제 건데(아 그거 선크림이었구나. 난 무슨 목공 본드 같은 건 줄 알고 엄청 놀랐네), 계속 묻히고⋯ 아 진짜⋯⋯."

"그래, 짜증이 났겠네, 진짜. 하지만 그런다고 친구를 때리면 어떡해?"

"⋯그럼 어떻게 해요?"

어머, 나에게 되묻는다? 그러니까 남자아이들의 논리는 이런 경우에 때리기라도 해야 한다는 것이다. 갑자기 할 말이 없어진다.

"⋯답답하다고 폭력을 쓰면 그 순간 너한테 장난치고 오래 널 짜증 나게 했던 우준이의 잘못은 사라지고 너의 잘못만 남게 되잖아. 그게 더 억울하지 않을까? 어떤 경우에도 폭력으로 문제를 해결할 수는 없어."

솔직히 중기가 내 말에 설득이 된 것 같지는 않다. 그래도 어쩌겠나. "그렇지, 그럴 땐 패기라도 해야지" 하고 중기의 감정에 동감한다고 말할 수는 없는 거니까.

그 수업은 그렇게 쉬는 시간에 일어난 사건으로 '완벽에서 2점을 빼'야 했다. 왜 매번 모둠 수업에는 사소한 투덕거림이라도 꼭 생기는 걸까? 그냥 얌전히 계획한 대로 수업을 잘해내면 얼마나 좋을까? 나는 중기와 우준이가 살짝 야속하기까지 했다.

하지만, 아니다, 다툼도 성장의 한 과정이라는 걸 오랜 경험으로 나는 안다. 갈등을 만나고 그걸 풀어 가는 과정을 겪는 것도 국어 지식이나 기능을 습득하는 것 못지않게 중요하다. 모둠 활동이 협력을 배우게 한다는 것의 의미는 '사이좋게 지내는 기쁨'을 맛보는 것만이 아니다. 세상에는 나와 다른 사람들이 많다, 싫고 짜증 나는 사람과도 협력해야 할 때가 있다, 그런 감정들을 다스리고 어려운 의사소통을 해내는 것도 배워야 한다, 그런 공부이기도 한 것이다. 그러니까 모둠 수업의 좋은 장면 나쁜 장면이 모두 공부가 되는 것이다.

그리하여 "내가 미쳤지, 모둠 수업을 30년째……." 넋두리는 그렇게 긍정적인 합리화로 끝을 맺고, 나는 내일도 1학년 학생들을 데리고 '따뜻한 책바구니 읽고 책인형 입간판 광고지 만들기' 모둠 수업을 재미나게 해 보련다. (2022)

02

웃기는 선생님이 되자

중학생들에게 '좋아하는 선생님 유형'을 물었다. 차별하지 않는 선생님, 친절한 선생님, 예쁘고 잘생긴 선생님, 수업 잘하는 선생님… 1위는? '웃기는 선생님'이다. '재미있는'도 아닌 '웃기는'…….

어느 해 겨울방학 초입에 쓴 나의 일기장에는 '웃기는 교사가 되자'라고 적혀 있다. 그런 결심을 하게 된 계기가 있다.

비록 개그를 글로 배웠지만

학년 말마다 학생들에게 내 수업에 대한 평가를 받는다. 대개는 너그러운 칭찬이나 감사의 말이 많지만 제법 날카로운 비판도 있다. 칠판 글씨를 좀 알아보게 써 달라는 둥(손글씨 연습을 열심히 하고 있다), 너무 수업만 하신다는 둥(나도 25분 공부하고 20분 쉬고 싶다만), 수행평가가 너무 어렵다는 둥(과정이 어렵지 점수는 너그럽게 준다는 친구들이 더 많다), 연말에 다음 학년 혹은 고등학교 국어를 좀 가르쳐 달라는 둥(음… 10년에 한 번 나온 의견이라 그 학생을 따로 불러 국어 문법책을 준 것으로 대신했다).

그런데 그해의 평가 중에는 '선생님 수업이 재미없어요'라는 내용이 있었다. 그 학생은 '공부 재미'를 말하는 게 아니었다. '깔깔거리고 웃으며 수업을 듣다 보니 어머, 한 시간이 벌써 지났네?' 이런 걸 원하는 거다. 한마디로 교사에게 두 마리 토끼를 잡아 오라는 것이다. 유머 감각은 신이 내리는 건데… 그거 잘할 자신이 없어서 활동 중심으로 지루하지 않게 수업하려고 총력을 기울이는데, 뭐, 나보고 '웃기는 교사'까지 하라고?

하지만 그게 가능하든 안 하든 노력은 해야지 어쩌겠나. 겨울방학이 시작하자마자 서점과 도서관에 가서 유머 화법에 관한 책을 모아 읽고 재미난 이야기를 공책 한 권에 모아 적어 보았다. 당시 잘 나가던 '개그 콘서트'도 다시 찾아본 후 퇴근한 남편을 앉혀 놓고 그날 배우고 익힌 개그를 복습하기도 했다. 연습한 대로 잘 되진 않지만 그래도 어설픈 성대모사, 사투리 시연, 정 안 되면 약간의 몸개그 혹은 요즘 아이들 언어(소위 급식체)를 써서 수업 중 학생들을 웃겨 보려고 애쓴다. 아이들이 내게 보여 주는 웃음의 진정한 의미는 '샘의 노력에 경의를 표하며 웃어드림'이란 걸 잘 알지만 난 뻔뻔스럽게 이렇게 말한다. "아부를 담은 위선적인 웃음! 이런 거나 완~전 좋아~!"

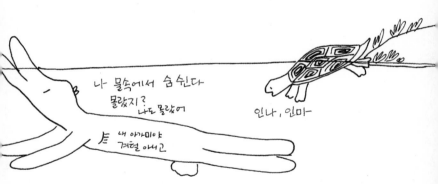

〈신 토끼전〉

웃기고, 웃어 주는 미덕

수업을 하다가 아이들이 아재 개그에서 빵빵 터진다는 걸 발견했다(여학생들은 블랙 유머, 혹은 하이퍼 리얼리즘 유머를 즐긴다고 들었지만 여학생들은 가르쳐 본 적이 없다). "이 단순한 녀석들아, 21세기에 태어난 너희들이 어째 90년대 개그를 좋아하냐?" 하니 아이들은 선생님이 하는 개그는 어느 시대 무슨 개그냐고 묻는다. 졸지에 개그의 시대적 변천사를 논하게 됐다.

"사람들은 자기가 청춘을 보낸 시기에 유행하던 개그를 평생 장착하고 살지. 내 유머가 썰렁한 건 내가 80년대 청춘을 보내서 그런 거거든? 우리 땐 뭐랄까, 행복하게 하하 웃고 다니면 뭔가 죄책감이 느껴지는 그런 시대였어. 고등학교 때부터 8년 동안 전두환이 대통령이었다고! 그래서 개그도 썰렁한 거야. 뭐? 80년대 개그가 궁금하다고? 그냥 한번 해 보라고? 충청도 어느 산골에 아버지랑 아들이 나무를 하러 산에 올라가고 있었어. 앞에 가던 아들이 아버지를 돌아보며 이렇게 말했대. '아부지이~ 돌 굴러와유~.' 아버지가 그 돌을 피하며 '괜~찮~여~.' 했지. 그랬더니 아들이 한참 있다가 이렇게 말했대 '…두 갠디~?' (아이들 어리둥절한 표정이다.) 그래그래, 역쉬, 너넨! 이런 지역 폄하 개그는 좋은 거 아니다, 그치? 못생긴 여자, 흑인, 뚱뚱한 사람, 이민자나 외국인, 이런 약자들 놀려 먹는 개그 좋은 거 아냐. 그래서 개콘이 망했는지도 몰라."

"90년대 개그는 말장난이 많아. ('그런 거 좋아요', 한다) 그럼 너네 덩달이 시리즈 좋아하겠다! 덩달이 시리즈가 뭐냐고? 덩달이는 중학생인데, 선생님이 '삶은 무엇인가'라는 주제로 작문을 해 오라는 숙제를 냈어. '아, 뭐 쓰지?' 이러면서 분식집에 갔는데 벽에 답이 딱! 써 있는 거야. "삶은!⋯ 계란 500원.""

"이건 어때? 우리 학교 과학 김OO 선생님(자기들 가르치는 선생님이 등장하면 아이들은 좋아한다)이랑 점심 먹으러 교내 식당에 갔는데 마침 전복죽이 나왔어. 한 입 먹어 보더니 김OO 선생님이 이렇게 말씀하셨지. "오, 이거 죽이네~(아이들 박수 하며, '그건 재밌네요!' 한다)""

얼마 전에 학교에서 낸 교사 에세이에 한 선생님이 아재개그를 풀어 놓고는 '이렇게 나는 어디에 내놔도 부끄러운 아재가 되어 간다.'라고 써서 읽다가 푸하하 웃은 적이 있다. 겸손하시기는. 일종의 자학개그지만 그 정도는 나쁘지 않다. 말을 살짝 비틀어도 재미있기는 하다.

수업 중에 모르는 단어가 나왔을 때 아는 한자 지식을 총동원해 '때려 맞히기'를 해 보자고 유도한다. 단어의 의미를 유추하는 수업이다. "여러분, 말할 화話자 들어간 단어는 뭐가 있을까요?"

대화, 통화, 수화, 전화, 화술, 화법, 별별 답이 다 나온다.

"자, 여러분, 지나친 추측은, '자주'해 주세요~." 물론 화상畫像 통화, 화가畫家를 지나쳐 화火요일 화딱지, 여기까지 가면서 웃느라 정신 없을 때쯤 되면 "이제 그만들 하쇼~." 해야 하지만 말이다.

유머가 공부해서 늘 수 있는지는 의문이다. 나처럼 노력하다가는 '개그를 글로 배웠어요'가 되기 쉽다. 남학생들의 웃음을 쉽게 유발하는 3대 요소는 여자 이야기, 군대 이야기, 그리고 욕설 자유자재로 구사하기가 있다. 여러모로 나한테는 불리할 수밖에. 혐오개그나 넘어지고 때리는 개그를 하지 말자고 하자 어느 개그맨이 '그런 거 다 빼면 뭘 갖고 웃겨요?' 했다던가. 꼭 누굴 비웃어야 웃길 수 있다면 약자가 아닌 강자를 꼬집을 수도 있지 않은가. 야한 이야기나 쌍욕으로 뒤범벅된 저질 코미디 말고 겉으로도 웃기지만 속뜻마저 깊은 고품격 웃음은 정녕 불가능한 걸까.

나의 썰렁함을 스스로 인정하고 노력 개그로 그나마 무사히 훈훈한 한 해를 보내고 다시 수업 평가를 받은 어느 해 겨울, 조금은 냉철한, '선생님의 80년대 개그가 좀 더 진화하기를 기원한다'는 내용, 나쁘지 않았다. 심지어 '선생님, 저 이상한가 봐요, 80년대 개그, 이상하게 제 취향인데요?'라며 날 감동시킨 아이도 있었다. 세기를 뛰어넘는 그대들의 초월적 유머 감각에 나도 감사를 표하노라. '웃어 줘서 고맙다, 사랑한다, 얘들아~.' (2022)

03
남자 중학생들에게
시를 가르칠 수 있냐고요?

'남자 중학생들에게 시를 가르치는 일은 가능할까?' 오래 전 교생 실습 나온 남자 대학생이 시 수업을 하고 나오는 내게 "선생님, 남학생에게 시를 가르치는 일이 가능할 줄은 꿈에도 생각하지 못했습니다."라고 말했다. 그래서 한동안 나 자신에게 되묻던 질문이다.

국어책에서 시가 점점 사라진다

남학생에게, 그것도 중학생에게 시를 가르치는 일은 왜 불가능해 보일까? 하긴 중학생 백만 명에게 죽은 시인들이 남긴 지루하고 재미없는 시를 가르쳐 그중 두 명쯤 시인이 된다면 참 효율성 떨어지는 교육일 것이다. 내가 지향하는 것은 백만 명 중 두 명이 시인이 되는 교육이 아니라, 누구나, 자동차 정비를 마치고 돌아와 시집을 읽고 오토바이 배달을 하다가도 좋아하는 친구를 위한 시를 쓰는 그런 교육이었다. 정형시, 자유시를 가르치지 않아도, 정제된 어휘가 아니어도 시가 되는 그런 시.

나는 <죽은 시인의 사회>에 등장하는 키팅 선생이 아니다. 오래된 시와 삶의 시를 함께 가르치고 리얼리즘이든 낭만주의든 시의 범주를 넓고 다양하게 가르치려 애썼다. 읽고 쓰고 낭독하고, 자신만의 시집을 만들어 보고 그려 보게 하고, 시는 재미있고 아름답고 좋은 것이라고, 적어도 '시험지 속에 갇힌 시'는 가르치지 않으려고 애써 왔다.

어떻게든 시를 잘 가르쳐 보려 애써도 이제는 교육과정에서 시를 노래할 자리가 점점 줄어들고 있는 현실은 인정할 수밖에 없다. 교과서는 변신에 변신을 거듭했다. 이제는 10대 청소년들 정서에도 맞지 않는, 일제강점기 일본 시인들 흉내나 내던, 친일이나 독재 찬양 구악을 저질러도 오직 시적 표현력 하나만으로 교과서를 선점하던 그런 시인들 이야기는 교과서에 거의 나오지 않는다. 그렇다고 좋은 시들로 교과서가 채워졌냐, 그렇지도 않다.

우리에게 좋은 시인이나 시가 없어서라기보다 학생들에

게 시를 읽히는 것의 중요함을 교육과정 만드는 사람들이 덜 느껴서 시의 비중이 줄어드는 건 아닐까 하는 생각도 해 본다. 시가 설 자리를 매체, 화법, 실용 글쓰기들이 채운다. 또한 낡고 죽은 시를 싣지 않으려는 노력은 그 반작용으로 쉽고 가벼운 시들만으로 교과서를 채우게 만들기도 했다. 정녕 '낡지 않았으되 오래도록 간직할 만한 아름다운 시' 찾기가 그리도 어렵단 말인가!

'서시'를 외우는 나의 소년들

나는 교과서를 비껴 나의 소년들과 윤동주, 안도현, 정호승을 읽는다. 분석적 시 읽기는 하지 않는다. 좋은 시를 많이 보여 주고 그중에서 자기 수준에 맞는 하나를 선택해 읽고 외워 보자고 한다.

1단계 안도현의 「너에게 묻는다」는 그야말로 인기 짱이다. 짧기도 하지만 아이들 가슴을 후려치는 촌철살인의 시, "연탄재 함부로 발로 차지 마라, 너는 누구에게 한 번이라도 뜨거운 사람이었느냐." 카~! 연탄재를 만화영화 <검정고무신>에서나 구경해 본 2008년생 소년들도 이상하게 공감하는 시다. "시 별로 안 좋아하고 외우는 거 자신 없다! 짧고 굵고 멋지게 살 거다! 이런 분들, 1단계 선택해서 외워 봅시다~!"

서시
윤동주

죽는 날까지 하늘을 우러러

이건 외우기도 쉽지만 시가 가진 강렬한 매력 때문에 최종
적으로 3단계를 선택해 길고 긴 「임의 침묵」이나 「별 헤는
밤」을 선택하는 학생들까지도 모두 다 같이 외운다.

이제 막 좋아하는 사람이 생겼다면 김춘수의 「꽃」을, 좋아
하던 친구와 헤어져 본 적 있는 학생에게는 기형도의 「빈
집」을, 너무나 쓸쓸했던 경험이(열다섯 살 소년이라면 누구나 그
래 본 일 있으니) 있다면 정호승의 「수선화에게」를 외워 보자
고 한다. 한용운의 「파랑새」도 많은 학생이 선택한다.

아무리 '시알못'이라도 윤동주의 「서시」를 읽으면 누구나

숙연해진다. "대한민국에서 중학교를 나왔다면 윤동주 「서시」쯤은 외우자." 이렇게 말해도 어떤 아이 하나 반항하지 않는다. 새삼 윤동주가 너무 고맙다. 누구라도 읽을 수 있는 내용에 외울 수 있는 적당한 길이로 시를 써 주셔서. 게다가 이 시에는 무슨 말인지 알 것 같지만 30% 정도는 잘 모르겠는, 즉 '신비한' 부분이 있다. '오늘 밤에도 별이 바람에 스치운다'는 말은 표면 그대로 말고도 뭔가 더 깊은 뜻이 있을 것도 같은데 그게 뭔지는 알 것도 같고 모를 것도 같다. 그게 뭘까, 더 생각하게 만드는 것, 사람마다 달리 해석하게 만드는 것은 시의 매력이다. 그게 뭐든 답은 없지만 그냥 그 자체로도 얼마나 아름다운 일인가.

「서시」를 외우는 날, 5분 정도 윤동주라는 사람에 대해, 그의 시에 대해 들려주는 동안 아이들 눈은 반짝인다. 짧고 아름답고 아프고 슬펐던 그의 삶과 죽음 이야기에 매료되지 않는 소년은 본 적이 없다. 그리고 시 외우는 5분, 거기 더해 친구와 마주 보고 외워 보는 5분은, 딱 적당하다. 나와 마주 보고 모두 입을 맞춰 외워 보는 「서시」는 아름답다. "목소리를 중저음으로 내려 보자. 여러분이 낼 수 있는 가장 아름답고 멋진 목소리로 이 아름다운 시를 외워 보자. 중간에 생각이 잘 나지 않으면 살짝 눈을 내리깔고 시 적힌 종이를 보아도 좋다. 하지만 혼자 앞서 나가지 말고 너무 느리지도 않게, 친구들과 목소리를 맞춰 함께 끝까지 외워 보자, 자 시작~ 서, 시, 윤, 동, 주, 죽는 날까지 하늘을 우러러~"

해마다 시 수업을 하지만, 해마다 나는 이 시간이 가장 아름다운 시간이라고 생각한다. 복도를 날고 뛰던 개구쟁이들 눈동자는 한없이 검고 그윽하다. 아직 서툴러 머리로 시구절을 떠올리느라 분주하기도 하지만 서툴러서 그들 마음엔 아직 낯선 시구절이 더 아름답게 스며든다. 저렇게 어눌할 때 아이들은 그야말로 '소년'처럼 보인다.

말썽꾸러기 학생 때문에 때로는 넌더리가 나고 내가 미쳤나, 이런 남자 중학생들을 30년도 넘게 가르치고 있다니, 한탄하다가도 아, 내가 이들을 사랑하는구나, 깨닫게 만드는 순간들 가운데 가장 빛나는, 시를 읽는 시간.

여기저기서 단풍잎 같은 슬픈 가을이 뚝뚝 떨어진다. 단풍잎 떨어져 나온 자리마다 봄을 마련해 놓고 나뭇가지 우에 하늘이 펼쳐있다. 가만히 하늘을 들여다보려면 눈섭에 파란 물감이 든다. 두 손으로 따뜻한 볼을 쓷어보면 손바닥에도 파란 물감이 묻어난다. 다시 손바닥을 들여다 본다. 손금에는 맑은 강물이 흐르고, 맑은 강물이 흐르고, 강물 속에는 사랑처럼 슬픈 얼골 - 아름다운 순이의 얼골이 어린다. 소년은 황홀히 눈을 감어 본다. 그래도 맑은 강물은 흘러 사랑처럼 슬픈 얼골 - 아름다운 순이의 얼골은 어린다.

- 윤동주, 「소년」*

(2022)

---

* 『하늘과 바람과 별과 詩』, 윤동주, 소와다리, 2016, 8쪽

04

학교에서 꼭 해 보고 싶은 성 의식 교육

남자 중학생들과 함께 공부하면서 아직 해 보지 못한 수업이 있다. 성평등 의식 교육'이 그것이다. 지면에서 상상으로나마 약 여섯 시간에 걸친 수업을 해 보자.

성 의식 교육을 하게 된다면

일단 남자 중학생의 성 의식을 조사해 본다. 언제 처음 '야동(요즘은 아이들도 디지털 성범죄라고 부른다)'을 보았는지, 지금 얼마나 야동을 자주, 많이 보며 어느 정도 강도까지 경험했는지, 처음 누군가를 성적으로 '사랑'한다고 느낀 것이 언제인지, 처음 (좋아하는) 친구를 사귄 것은 몇 살 때인지, 사랑하는 사람과 스킨십은 어디까지 경험했는지(손잡기, 뽀뽀, 키스,

유사성관계, 성관계), 만약 성관계를 경험했다면 몇 살 때인지, 경험을 했든 안 했든 지금(중학교 1, 2, 3학년) 성관계를 해도 된다고 생각하는지, (좋아하는) 친구와 스킨십을 하고 싶을 때 물어보고 할 것인지, 동성 친구에게 성적인 매력을 느낀 적은 있는지, 만약 나의 친한 친구가 동성애자라는 것을 알게 되면 나는 어떻게 반응할 것인지 등등.

둘째 시간에는 '진도 어디까지 나가 봤니?'라는 주제로 이야기를 나누어 본다. 손을 잡기까지의 설레는 마음, 처음 뽀뽀할 때의 수줍음, 여기까지는 내 전공을 살려 문학적 감성으로 접근할 거다. 연애는 세상에서 가장 문학적인 행위니까. 이 소년들은 지금까지 십몇 년 경험했거나 상상해 온 것보다 더 많은, 더 아름다운, 더 진한 연애를 앞으로 경험해야 하니까. 그러고는 얼마 전까지만 해도 TV에서 많이 유행했던 벽치기 키스 장면 하나를 보여 주면서 어떻게 생각하는지 물을 것이다. 대부분은 환호를 하겠지만 적어도 한두 아이들은 요즘은 저러면 안 돼요, 라고 대답해 줄 것이다. 나는 그 아이에게 고마운 눈빛을 날리며 '설레는 마음 이해는 하나 절대로 저렇게 하지 마시라', 간곡히 요청할 것이다. 그리고 그 순간부터 진지한 토론을 벌일 것이다. 성적 자기 결정권이 얼마나 중요한지를, 연애의 핵심은 '존중'임을 잊지 말라는 것을 일방적인 훈계가 아니라 깨달음의 경지로 수용할 수 있도록 말이다.

이 수업은 셋째 시간까지 이어질 것이다. 이 시간에는 듣기 불편한 표현들이 걸러지지 않고 튀어나올지도 모른다. 창녀니 걸레니 꽃뱀이니, 이런 단어들 말이다. '똑똑하고 영악한 여성에게 당하고 만 순진하고 억울한 남자들' 이야기가 창궐할지도 모른다. 하지만 데이트 폭력, 억울한 미투, 이런 것은 우연한 사고나 오해가 아니라는 것을, 재수가 없어 범법자가 되는 것이 아니라 여러분이 스스로를 좋은 사람으로 키우기 위해 노력한 시간이 모여야 오해도 억울한 사고도 없을 것임을 깨닫게 될 것이다.

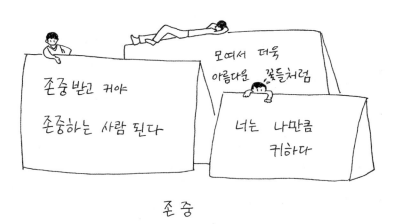

존중 받고 커야
존중하는 사람 된다

모여서 더욱
아름다운 꽃들처럼

너는 나만큼
귀하다

존 중

넷째 시간은 본격적인 성범죄에 대한 이야기로 우리 모두의 마음이 더더욱 불편해질 것이다. 강간을 대하는 남자와 여자의 다른 마음가짐에 대해 여성의 목소리를 많이 들을 것이다. 어째서 이 문제에 있어서 모두들 억울한 건지, 그렇다면 그 억울함의 무게는 과연 같은 것인지에 대해 생각해 보자고 할 것이다.

다섯째 시간에는 페미니즘 운동에 대한 이야기를 나눈다. 많은 남자 중학생들이 페미니즘이라는 단어를 '여성우월주의'라고 잘못 알고 있는 현실을 정면으로 직시하기 위해 『이갈리아의 딸들』을 읽으며 간략히 용어 설명부터 할 것이다. 또한 세계의 페미니즘 역사와 한국에서 페미니즘의 의미가 왜곡된 역사를 살필 것이지만 교사의 목소리로써가 아니라 각종 자료들로 접근하게 할 것이다. 그러고는 학생들에게 <내가 알고 있는 페미니즘은>이란 글을 쓰게 할 것이다. 그리고 이 글을 쓰며 정리한 생각을 바탕으로 여섯째 시간에 토론을 할 것이다.

여섯째 시간, 우선 <진정한 성차별 없는 세상은 가능한가>란 주제로 간략하게 글을 쓴 후(글을 쓸 때 마지막 세 줄은 남겨놓게 할 것이다.) 자유롭게 난상토론을 해 본다. 약 15분 정도 남겨 놓고 나는, 지난 여섯 차시 동안 간지러웠던 입을 참아 냈던 내 지성과 감성을 응축하여 '서로를 존중하는 사회, 약자가 없는 세상, 남자도 여자도 차별받지 않는 세상의 필요성'을 설파할 것이고 '역사는 약자가 스스로를 단련시키며 나아갔으며, 자신은 강자의 위치에 있으면서도 기득권을 누리기보다 건강한 세상, 모두가 존중받는 세상을 이루기 위해 힘을 보탰던 지성인들이 그 역사의 수레바퀴를 함께 굴렸음'을 증명할 것이다. '지금 여러분 같은 젊은 남성들이 느끼는 박탈감을 충분히 이해한다는 것, 하지만 기득권을 누렸던 옛날 남자들과 그 힘에 눌려 누천년 고통받았던 여성들, 여러분이 그들과 똑같이 산다면 그 누구도 행복하지 않을 것'이라는 무시무시한 예언을 할 것이다. '그렇다면 여러분은 어떻게 살 것이며 앞으로 함께 살아갈 여성들과는 어떤 관계를 맺을 것인가?' 소크라테스가 쓴 수법에 기대 결론을 열어 놓을 것이다. 그리고 남은 3분 동안 아까 남겨 놓은 세 줄에 끝으로 이번 수업을 통틀어 꼭 쓰고 싶은 말을 쓰라고 할 것이다. 여섯 시간에 걸친 '성평등 인권 존중 교육'을 함께 걸어온 소감을, 우리가 살아갈 미래를 말이다.

무엇이 두려운 걸까

여기까지 써 놓고 나니 나의 수업 이미지트레이닝은 꽤 근사하다. 그런데 이 멋진 수업을 왜 나는 못 해 왔으며 앞으로도 하기 어려운 걸까? 도대체 나는 무엇을 두려워하고 있는 것일까? 수업 시간에 성평등 독립영화를 보여 주었다가 면직까지 당했던 어느 도덕 교사도 떠오르고 어느 시사주간지에 요즘 학생들의 남혐 여혐 의식에 대한 글을 쓰려다 후폭풍을 어찌 감당하려느냐는 기자의 만류에 쓰려던 칼럼을 포기했던 기억도 떠오른다.

무엇보다 남녀 성 대결로 모든 것을 바라보는 격앙된 그들의 감정을 차분한 이성으로 설득하는 일이 얼마나 힘들지 잘 알고 있다. 이는 젊은 여성들과 같은 주제를 논할 때도 마찬가지다. 학교에서는 왜 그런 것을 가르치지 않느냐고들 하지만, 예민해진 그들의 감정을 냉철한 토론수업으로 정제시키는 고도의 능력을 갖추었는지 나 자신에게 먼저 질문을 던져 본다. 학교에서 성평등 인권 존중 교육을 하는 것이 노태우 정권 시절 숨죽여 광주항쟁을 가르쳤던 일보다 더 어려운 이상한 시대에 나는 살고 있는가 보다. (2021)

05

여자애들은
원래 똑똑한가요?

　작년에 우리 학교의 한 '교원학습공동체'에서 차별과 혐오
에 대한 독서토론을 했다. 홍성수의 『말이 칼이 될 때』와 김
지혜의 『선량한 차별주의자』를 읽고 에세이도 쓰고 저자와
대담도 나누면서 남자 중학교인 우리 학교에 만연한 차별과
혐오의 언사를 돌아보았다.

　그런데 독서토론 과정에서 나도 모르게 웃음이 터진 장면
이 있다. 많은 교사들이 오래 남중생들을 가르쳐 오면서 10대
초반 남학생들이 독해력, 이해력에서 더디다는 것을 온몸으
로 겪어 왔다. 그리고 집에서 자녀를 키우는 과정에서도 대체
로 여자아이들은 야무지게 자신을 잘 챙기는 반면 남자아이
들은 그러지 못한 경험을 많이 한다는 이야기를 나누는 중이

었다. 한 남자 선생님이 "여자아이들은 원래 그렇게 똑똑한 건가요?"라고 진지하게 물었다. 아무도 웃지 않았고 몇몇 선 생님들은 고개를 끄덕이기도 했다.

언제부터 여자들이 '원래' 똑똑했나?

고작 계몽주의 시대에 와서나 '여자와 아이들을 때리지 말 라'며 여성이 '인간'으로 대우받을 수 있지 않았나? 여자가 '정치적인 인간'으로 인정받은 것은 이제 100년이 채 되지 않았고 말이다. 약 30여 년 전 우리는 '어디 여자가 감히!'라 는 말을 수시로 듣고 컸으며 10년 전에까지만 해도 '뭐, 여자 가 교장을 해?'라는 말을 들었다. 그런데 얼마나 세월이 많 이 흘렀다고 '여자애들은 원래 똑똑한 거'냐니…….

이제 그런 말을 들을 수 있는 세상이 와서 기쁘냐고? 그 반 대다. 내가 가르치는 남자아이들은 페미니즘의 뜻이 '여성우 월주의' 아니냐고 묻는다. 그 말을 듣는데 가슴이 턱 막혔다. 여성들이 이제 겨우 목소리를 내기 시작했는가 싶고 아직도 경제적 불평등, 성적 불평등, 가사 노동이나 출산 육아의 불 평등 그 어느 것도 제대로 해결된 것은 없는데 여자들이 남 자들을 억압하기라도 하는 것처럼, 세상이 뒤집어지기라도 한 것처럼 생각하고 있다니. 누천년의 억울함을 전복적으로 뒤집어 생각해 봄으로써 인식의 전환을 꾀하는 미러링은 소설 『이갈리아의 딸들』로 충분하다. 이제 그 누구도, 그 누구보다 높지도 낮지도 않은, 한창훈 소설에서처럼 "행복이라는 말(조차 필요가) 없는" 그런 세상이 오기를 바랄 뿐이다.

그날 우리의 토론은 교사들의 어린 자녀들이 다니는 초등학교 교사들이 어떻게 남자아이들을 차별하는지에 대한 성토로 이어졌다. 남자아이들은 맨날 떠든다고 야단을 맞고 아이들 사이에 다툼이 일어나면 남자아이들만 혼난단다. 남자아이가 과제를 안 해 오면 '또 안 해 왔다'고 지청구를 듣는단다. "여자애들은 말 잘 듣는데 남자애들은…", "남자애들은 늘 시끄럽고 싸우고…" 이런 말을 교사로부터 수시로 듣기도 한다.

아이들에게만 차별과 혐오의 언사를 조심하랄 게 아니다. 교사들 자신도 모르게 아이들 마음에 상처를 주고 있는 건 아닐까? 여태껏 주로 여자아이들이 차별에 노출되었다고 생각해 왔지만 사실은 남자아이들도 상처받고 있는 건 아닐까? 그런 상처들이 쌓이고 쌓여서 이젠 '우리 남자들도 차별받는다고요~!' 이런 절규로 터져 나오는 건 아닐까?

그런데 가만, 초등교사들만 탓할 일인가? 중등교사들인 우리들은 과연 잘하고 있는 것일까? 우리야말로 폭력적인 언사를 일삼지는 않았을까? 그날 우리는 언제 시간을 잡아서 '남학교 교사들의 언어'를 돌아보는 연수를 한번 하자고 입을 모았다. 그리고 집으로 돌아온 나는 나의 말을 포함해 남학교 복도에 넘치는 교사의 언설을 모아서 죽 적어 보았다.

남중 교사들의 말 돌아보기

어이, 거기, 잘생긴 학생, 이리 와서 칠판 좀 지워 줄래?(외모지상주의적 발언으로써, 주인공이 아닌 다른 학생들에게 허탈감을 준다. 선생님은 잘생긴 아이들만 좋아하는구나…)

이 녀석들이 죽고 싶어 환장했지? 마스크 쓰고 복도에서 100미터 달리기를 해? (죽고 싶어 환장이라니…)

야, 너 여자냐? 샘이 너 잘되라고 야단 좀 쳤다고 울어? 아, 요즘 애들 참 약해 빠졌어. (남녀를 싸잡아 욕하고 계심.)

자, 이제 남자답게 악수하고 화해하자. 내일 아침에 교실에서 만나면 사이좋게 인사할 수 있지? (화해 안 하면 '여자처럼' 비겁하다는 건가? 그리고 화해는 억지로 하는 거 아니다?)

우리 남자친구들이 공감 능력이 약해. 그러니까 책을 많이 읽어야 해. 드라마 보고 우는 거, 그거 부끄러운 거 아니야. (공감 능력 뛰어난 남자친구들 많거든요!)

남자애들은 참 이상해. (뭐가? 어른들은 더 이상해, 선생님들은 참 이상해, 그러면 싫어할 거면서…)

여자애들은 원래 그래, 그러니까 너네가 이해해. (뭐래…)

남자아이와 여자아이 사이에 생물학적 차이가 있다면 그것은 그저 '다름'일 뿐이다. 우리 여자들이 다름으로 인해 차별을 받지 말았어야 했듯이 남자들도 그렇다. 요즘 10대, 20대 남자들이 남혐 여혐의 중심에 있는 것도 자존감을 인정받지 못하고 커서 그런 건 아닌가 싶다. 존중받고 커야 남들을 존중한다. 여기서 존중이라 함은 '쟤는 못났는데 너는 훌륭하다'가 아니다. '너는 귀하다, 쟤도 그렇다. 모두 귀한 존재다, 모여서 더욱 아름다운 꽃들처럼…' 그렇게 가르쳐야 한다는 것이다.

존중받고 커야 존중하는 사람 된다

남학교 교사들은 남학생들의 행동과 언어가 거칠기 때문에 교사들의 언어도 거칠어진다고 생각한다. 때로는 비속하고 폭력적인 언어들을 아이들과의 소통이라고 착각하고 사용하기도 한다. 단 한 명의 학생이라도 그 말에 상처를 받고 혐오감을 느낀다면 하지 말았어야 할 말을 호탕하고 유머 감각 있는 언어로 착각하고 있는 건 아닌지 반성한다.

아이의 자존감을 꺾는 언행을 '훈육'으로 오해하는 교사나 부모도 많다. 상처만 줄 뿐이다. 교사들은 아이들에게만 너희들의 말과 행동을 돌아보라 할 것이 아니라 자기가 학생들에게 한 말들을 죽 적어 볼 필요가 있다. 그것들 중에 버려야 할 말은 없는지 돌아보자. 직접 듣는 학생, 혹은 멀리서 그 말을 듣는 또 다른 학생이 불편할 말은 없는지, 폭력적인 말, 차별의 말, 혐오를 담은 말, 편견의 말, 가시 돋친 말, 마음을 불편하게 하는 말은 없는지 말이다. (2021)

06

고독과 적막을 즐기는
학생을 위한 공간

저녁마다 혼자 강당에서 어슬렁거리는 아이가 있었다. 저녁을 먹고 나서 방과 후 수업을 듣기 전 한 시간 정도 비는 시간에 강당 창문으로 저물어 가는 운동장을 내려다보곤 했다. 그 강당 문이 저녁 시간에 굳게 잠겼다. 외부인의 침입 등 혹시 모를 사고에 대비한다는 명목이었다. 그 아이를 위해 고즈넉한 의자와 창가 하나 마련해 주지 못하는 학교의 마음이 쓸쓸했다.

친구보다 선생님이랑 더 친한 아이

학년마다 '교무실 죽돌이'들이 한둘 있다. 쉬는 시간만 되면 교무실에 와서 선생님들과 노는 아이들이다. 이 선생님

저 선생님 돌아다니며 질문도 하고 사탕도 얻어먹는다. 선생님들과 잘 지내는 것은 나쁜 일이 아니지만, 그 아이들은 교실에서 친구들과 잘 어울리지 못하는 경우가 많다. 정신연령이 너무 높거나 집에서 사랑을 많이 받지 못한 경우도 있고, 감성이 풍부하고 사람을 좋아하지만 친구들과의 관계를 잘 풀지 못하는 아이들도 있다. 때로는 진지하게 친구들과 잘 지내보려 노력하라고 조언을 해 주기도 하지만 남자 중학교 교실의 북적거림에서 이 아이들이 얻고 싶은 따스한 대화나 애정 어린 관계를 접하기는 쉽지 않을 것이다.

왕따를 당하던 아이가 있었다. 그 아이가 따돌림당하는 이유는 몸이 약해서도, 말이 어눌해서도, 머리가 나빠서도 아니었다. 성정이 고요하고 사색을 즐기는 품성을 지녔던 그 아이는 쉬는 시간이면 드세기 짝이 없는 사내아이들이 다가와 장난으로 몸싸움을 거는 것이 불편했다. 자기한테 하는 소리가 아니더라도 저희끼리 비속한 욕설을 주고받는 것도 싫었다. 얼굴을 찌푸리거나 저리 가라고 고함을 지른 것도 아니지만 친구들은 그런 모습을 보고 무리와 잘 어울리지 못하는 녀석이라 생각하고 멀리했다.

남자아이라고 해서 다 복도를 뛰어다니며 노는 걸 좋아하기만 하는 게 아니다. 아이들의 성정은 다양하고 기질은 천차만별이다. 다양성을 인정하지 않는 한국 사회에서 소수의 특성을 지닌 사람들은 살기 힘들다. 특히 내성적이고 생각이 많은 아이는 오죽하랴. 학교에서 혼자 있고 싶은 아이들이 조용히 생각에 잠겨 쉴 수 있는 작은 공간이 있으면 얼마나 좋을까.

너의 길었던 하루…

그나마 우리 학교에선 도서관이 아이들에게 휴게실이자 숨을 수 있는 공간이다. 쉬는 시간마다 중앙 소파에는 늘 아이들이 북적거린다. 친구들을 피해 혼자 조용히 책 읽는 시간을 즐기고 싶은 아이들은 텅 빈 열람실 구석에 앉아 10분 정도 고독을 즐기다 가곤 한다.

내가 근무하는 상담실로도 가끔 마음이 심란한 아이들을 초대한다. 딱히 마주 앉아 상담을 하지 않아도 그냥 혼자 앉아 그림책을 읽다 가라고 한다. 다 큰 중학생이 무슨 그림책이냐 할지 모르지만, 어린 시절 엄마 무릎에서 도란도란 그림책 읽는 소리를 듣고 크지 못한 아이도 많다. 혼자 앉아서 어린이의 세계로 돌아가는 일은 중학생에게도, 아니 어른들에게도 좋은 시간이다.

그림을 좋아하는 아이에게는 색칠하는 책이나 색연필과 스케치북을 안겨 주기도 한다. 상담실에는 퍼즐이나 자전거 프라모델, 젠가 같은 것도 있다. 상담을 위한 말문 트기 도구들이기도 하지만 아이들이 혼자만의 시간을 갖는 데에도 도움을 준다. 하지만 아이들 대부분은 아직 상담실에 오는 것을 부담스러워한다.

혼자만의 시간을 갖고 스스로를 만날 수 있어야

나도 아이들이 어려서 하루 다섯 시간 수면도 챙기지 못하고 바쁘게 살 때, 화장실과 차 안이나 지하철 이동 시간이 가장 편안했다. 사람은 그렇게라도 혼자만의 시간을 갖고 이런저런 생각에도 잠기고 자기 자신을 만나는 시간을 가져야 한다. 돌아봄이 없이 나아감도 없다. 고독하고 적막한 시간이 있어야 타인과 어우러지는 때가 귀하게 여겨지는 법이다. 자기 자신을 들여다보는 시간과 공간이 보장되지 않는다면 우리는 존중받으며 산다고 말하기 어려울 것이다.

아이들은 어떠한가? 좁은 공간, **빡빡한** 시간표, 쉬는 시간마저 혼자 있기 어려운 학교에서 오래 버텨야 한다. 물론 학교를 탈출해도 자기만의 세상은 없지만 말이다. 도대체 아이들은 언제, 어디서 마음을 쉬는 걸까. 참 미안하고 안타깝다.

(2016)

07

너를 기다리는
선생님을 기억해 주렴

한 해에 학교를 그만두는 학생이 6만 명에 이른다. 해마다 한두 명이 가출하거나 무단결석을 했다가도 다시 학교로 돌아오곤 하던 우리 학교에서도 올해는 장기 결석자가 많이 늘었다. 학교를 그만두는 아이가 다 잘못되는 것은 아니다. 학생 스스로 또는 가정에서 건강한 대안을 가지고 학교를 그만둔다면 굳이 말리지 않아도 된다고 생각한다. 하지만 '학교 그만둘까' 고민하는 아이들 대부분은 대안이 있어서 그런 게 아니다. 삶의 모든 영역에서 궁지에 몰려, 어쩌면 누구나 가장 평범하게 누릴 수 있는 학교라는 공간마저 포기하게 된 아이들이 대부분이다.

오기만이라도 한다면

학교는 어떤 곳인가. 학교폭력과 교사들의 차별, 치열한 입시 경쟁, 성적 경쟁이 존재하고, 친구는 우정의 대상이 아니라 폭력과 따돌림의 가해자인 곳. 현실에서 쓸모 하나 없는 죽은 지식을 가르치는 곳. 내용은 없으면서 규율과 형식만 있는 곳…… 그럴 수도 있다. 그런 면이 많다는 것을 인정한다. 그렇지만 그런 학교에도 충분하지는 못해도 친구를 만나는 즐거움이 있고, 몇몇 다정한 선생님과 어른들에게 배울 거리가 있다고 소심하게 주장해 본다. 생업에 바쁜 부모들에게는 가장 저렴하게, 가장 보편적으로 아이들을 교육시키고 보호해 주는 곳이기도 하다.

나는 가난한 가정 형편과 현실에 치여 학교에 와서 맨날 엎드려 잠만 자는 아이들을 여럿 알고 있다. 일어나 공부해야 하지 않겠느냐고 야단도 치지만 그래도 꼬박꼬박 학교에 나오는 그 아이들이 기특하다. 지각·조퇴를 하는 한이 있더라도 결석은 하지 않는 아이들, 맨날 공부 안 한다고 구박받아도 쉬는 시간이면 신나게 복도를 질주하는 그 아이들을 보면 안심이 된다. 제대로 돌봄을 받지 못해 일주일 내내 빨지 않아 소매 끝이 새까매진 교복을 입고서라도 학교에 와 주는 아이들이 고맙다. 그들이 만약 학교마저 오기 싫어한다면 어디로 간단 말인가? PC방과 찜질방, 뒷골목을 전전하는 일 말고 무슨 일을 할 것인가. 아무리 성적이 바닥을 쳐도 아무리 학교가 재미없어도, 그래도 거리를 헤매는 것보다는 낫다고 여겨 와 주는 아이들이 고맙다.

그런데 그마저도 못 견디고 못 나오겠다는 아이들이 있다. 요인은 여러 가지가 있을 수 있지만 장기 결석하는 아이들 중에는 부모가 이혼하고 엄마와 아빠 사이를 왔다 갔다 하며 상처받은 아이, 혹은 부모와 함께 살지만 여러 여건 때문에 제대로 된 돌봄을 받지 못하는 아이가 많다. 외로움을 게임으로만 달래느라 밥 먹을 때 말고는 방문 밖으로 나오지 않으려 드는 아이들, 집에 가 봐야 따스하게 돌봐 주고 야단이라도 쳐 주는 부모를 만나기 어려운 아이들……. 그런 아이들이 대부분이다.

'에너지'조차 없는 아이들을 어쩌면 좋을까

학업 중단 위기에 처한, 대개는 우울하기 짝이 없는(남자아이들의 경우 우울이 그저 안으로만 침잠하는 것이 아니라 폭력이나 일탈로 이어지는 경우도 많다) 그 아이들과 상담을 하면서 함께 상담에 참여하는 교사들은 입을 모아 말한다. "문제는 에너지다." 아이가 뭐라도 해 보고 싶어 하는데 그게 뭔지 모르고

있거나 그 에너지가 부모와 상충해 충족이 되지 못하는 경우
는 그래도 낫다. 갈등이 해소되고 길을 모색하면 아이는 꼭
학교로 돌아오지 않더라도 어떻게든 살아 낸다. 그러나 그런
에너지조차 없는 아이들이 있다. 고개를 숙이고 있거나, 어
쩌다 눈이 마주쳐도 영혼의 불빛이 꺼져 가는 것처럼 보이는
아이들……. 그렇게 학교를 그만두는 아이들은 내년이 되어
도 다시 복학할지 어떨지 불확실하다.

올해 결국 유예 신청을 한 아이가 있었다. 그나마 다행인

네가 힘들 때

것은 그의 어머니가 사려 깊은 분이어서 어떻게든 아이가 기운을 내게 하려고 노력한다는 점이었다. 서류 정리를 하러 학교에 온 그 어머니 편에 자전거 만들기 프라모델 한 상자와 지난해 담임, 올해 담임, 전문상담사 선생님과 함께 쓴 손편지를 전해 드렸다. 방 안에 숨어 있다가도 선물상자가 눈에 밟히면 자전거도 만들고 책도 읽으라고, 그렇게 외로운 싸움에서 스스로 이겨 내고 내년에 꼭 다시 학교로 돌아오라고, 너를 기다리는 선생님들이 여기 있다고, 꼭 전해 달라고 부탁드렸다. (2015)

우리 학교의 숨은 고수

세상에서 가장 무섭고 더럽고 웃기는 곳은? 정답은 '학교 화장실'이다. 지금은 따뜻한 물도 잘 나오고 비누와 휴지가 비치돼 많이 좋아졌지만 한때는 화장실이 더럽다고 점심시간이면 집으로 뛰어갔다 오는 아이도 있었고, 수업만 시작하면 화장실에 보내 달라고 애원하는 아이도 있었다. 쉬는 시간에 뭐 하고 이제 화장실을 가려느냐고 물으면, 화장실 문이 잘 잠기지 않거나 더럽거나 해서 맘 놓고 볼일을 볼 수가 없다는 것이 대부분의 사유였다. 겨우 하나 차지하고 들어가 앉아도 장난꾸러기 친구들이 밖에서 문을 흔들고 이름을 부르는 통에 장이 제 기능을 다 하지 못한다나.

여름이면 체육을 하고 들어와서 청소용 호스로 서로 물을

뿌려 주며 샤워하는 녀석들이 있지를 않나, 휴지를 물에 적
셔 화장실 벽에 던지기 놀이를 하지 않나, 큰일 보러 들어간
친구 머리 위로 물을 뿌리거나 물총놀이를 하느라 화장실 입
구를 물바다로 만들기도 했다. 장난에 불과하니 야단을 치면
서도 웃고 말지만 사실 화장실에서는 심각한 일도 많이 일어
난다. 고체비누를 다 으깨서 세면기를 막아놓은 적도 있고
대용량 휴지를 통째로 빼서 변기통에 처박아놓은 일도 몇 번
있었다. 아이들에게 대대적인 훈화도 하고 비누와 휴지 위치
를 바꾸자는 등 선생님들 사이에 회의가 열리기도 했다.

　이 정도는 약과다. 지난해에는 누군가 화장실 '바닥'에 대

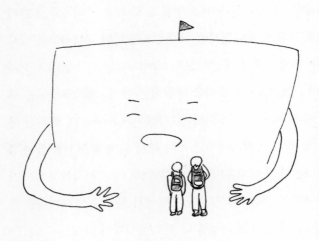

어서 와, 얘들아 ～ ♡

변을 보는 대형 사고가 터졌다. 단순히 장난이라고만 볼 수 없는 일이다. 어쩌면 스트레스가 굉장히 심한 아이가 일으킨 문제행동일 수도 있겠다 싶어 더욱 걱정스러웠다. 누가 그랬는지는 끝끝내 알아내지 못했다.

화장실에 생긴 변화

그렇게 온갖 너저분한 사건이 많이 일어나던 화장실이 요즘은 많이 깨끗해졌다. 나는 그 이유를 안다. 아주머니 덕분이다. 청소를 워낙 잘하셔서 깨끗해졌느냐고? 물론 그렇기도 하지만 그게 다는 아니다. 아주머니는 청소가 힘들어 땀을 많이 흘리면서도 늘 웃는 얼굴로 아이들을 대한다. 교복 바지가 터진 아이를 위해 바느질도 해 주시고 누군가 의자에 풀 죽어 앉아 있으면 옆에서 위로하는 모습도 보았다. 깁스를 하고 목발을 짚은 아이를 보면 얼마나 아픈지, 얼마나 나았는지 꼭 물어보신다. 아주머니는 아이들 이름도 많이 안다. 특히 수업 시간마다 단골로 복도에 내쫓김을 당하는 아이들과는 더욱 친하다. 교과서 안 가져왔다고, 떠들었다고 복도로 내보내진 아이들은 무안해하면서도 무슨 사연이 있었는지 아주머니와 미주알고주알 이야기를 나누기도 한다.

한번은 아침 등교 시간에 선생님들 사이에 말버릇 나쁘기로 소문난 녀석과 마주쳤다. 경중경중 계단을 뛰어오르는 녀석을 발견한 아주머니는 갑자기 "아무개 잡자~!" 하고 아이 이름을 부르며 잡으러 뛰어왔다. 아이들 사이에 많이 하는 잡기놀이를 하듯 함께 뛰어오르던 두 사람은 계단이 끝나자 하하하 웃으면서 헤어지는 게 아닌가. 쉬는 시간마다 교무실에 와서 이 선생님, 저 선생님에게 말을 툭툭 걸던 그 아이는 아마도 어른들에게 관심과 사랑을 받고 싶었을지도 모른다. 교사들은 늘 녀석의 말버릇을 못마땅해했지만 아주머니는 그런 투덜이조차 예뻐라 하셨던 것이다.

"아이들이 없으면 하루가 너무 길고 지루해요"

그 모습을 보다가 문득, 화장실이 전보다 깨끗해졌다는 사실을 깨달았다. 아이들은 청소하는 아주머니를 좋아한다. 아주머니께 감사하다는 생각을 한다는 게 복도를 지나가다 인사하는 아이들을 보면 느껴진다. 자기들이 좋아하는 고마운 아주머니를 힘들게 하고 싶지 않은 것이다. 아이들의 변화는 "힘드신데 얼른 방학이 되어야겠어요." 하는 나의 인사에 "아니에요, 아이들이 안 나오면 하루가 너무 길고 더 지루해요. 아이들이 왔다 갔다 해야 청소하면서 시간이 후딱 가죠." 라는 아주머니의 대답에서 그 답을 찾을 수 있다. 나는 나도 모르게 "감사합니다." 하고 인사를 하고 말았다. 청소를 해 주어서가 아니라 우리 개구쟁이들을 귀히 여겨 주시는 마음이 감사했던 것이다.

유홍준 교수가 『나의 문화유산 답사기』에서 인생 도처에 '상수上手'가 있다고, 본인은 그런 숨은 고수들에게 많은 것을 배운다는 말을 해서 무릎을 치면서 읽은 적이 있다. 인생도 처유상수人生到處有上手. 청소하는 아주머니께 '좋은 교사가 되기 위해 나는 무엇을 염두에 두어야 하는가, 교실이 정말 행복해지려면 교사가 어떠해야 하는가'를 배운다. (2015)

야아— 해바라기—

5부

세상을 향해
날개를 폅니다

01
학교가
교도소는 아니잖아요

교실에서는 크고 작은 도난사고가 자주 일어난다. 책상 위 필기구나 책이 없어지는 일은 비일비재하다. 한번은 마지막 수업을 마치고 선생님을 도와 학습 도구를 교무실로 날라 주고 온 아이가 책상 위에 올려놓은 지갑 속 교통카드를 잃어버린 일이 있었다.

교실에서 사라져버린 교통카드와 휴대폰

그날은 종례를 길게 할 수밖에 없었다.

"OO이가 7교시에 책상 위에 올려놓은 지갑에서 교통카드가 없어졌다. 종례하러 내가 들어오기까지 10분이 채 안 된 시간에 일어난 일이니 다른 반 아이 탓을 할 수도 없다. 남의 물건에 손을 댄 것은 도둑질이지만 아마 지금쯤 후회할 것이라 믿는다. 이 세상에서 가장 무서운 것은 나 자신이다. 그까짓 몇천 원 든 교통카드가 탐나 자기 영혼을 팔면 안 된다. 혹시 장난이었더라도 즐거운 장난이 아니다. 아무도 없을 때, 선생님 책상에 혹은 00이 서랍에 카드를 살짝 갖다 놓아둔다면 오늘 장난을 우리 모두 용서할 것이다. 망설이다가 이 장난을 되돌릴 소중한 시간을 놓친다면 두고두고 자신의 어리석음에 부끄러워하며 어른이 될지도 모른다. 누구보다 자기 자신에게 부끄러운 사람은 되지 말자."

내가 할 수 있는 일은 그것밖에 없었다. 분명 저기 앉아 있는 서른네 명 중 한 아이는 마음이 불편해서 내 이야기를 귀 기울여 듣고 있으리라 믿으며.

돌아보니 몇 해 전 다른 반에서도 비슷한 일이 있었다. 교통카드 정도가 아니라 스마트폰이었다. 그때 그 젊은 담임선생님도 나와 비슷한 훈화를 한 시간도 넘게 했다고 한다.

그 반의 이야기를 교무실에서 모두 전해 듣고 술렁거릴 때 한 선생님은 "왜 아이들을 돌려보냈어요? 모든 아이 가방을 열어 보게 했으면 범인을 잡았을 텐데……."라고 말해서 선생님들을 깜짝 놀라게 했다. "그러면 그 아이는 도둑이 돼 버리잖아요? 장난으로 가져갔다가 분위기가 심각해서 차마

자수하지 못한 것일 수도 있는데요."라는 담임의 항변은 묻혀 버렸다.

그런데 다음 날 아침 그에게서 "제 책상에 살포시 놓여 있는, 집 나갔다 돌아온 휴대폰의 행방을 모든 선생님께 고합니다. 같이 걱정해 주신 선생님들 감사합니다!"라는 전체 메시지가 왔다. 나는 만세를 외쳤다. 아이들을 믿어 준 그 교사와 밤새 고민하고 현명한 선택을 한 누군지 모를 그 학생 모두가 고마워서다.

그러고 보니 생각나는 일이 있다. 내가 여고생이었던 1980년대 초반이었다. 매주 월요일이면 애국조회라는 걸 하느라 모두 운동장으로 나가야 했다. 우리들이 운동장 조회를 받는 동안 학생부 선생들은 교실을 돌아다니며 아이들 가방을 뒤져 담배며 화장품 따위를 찾아냈다. 우리는 모두 그 사실을 알고 있었지만 그게 당연한 줄로만 알았다. 그렇게 '날라리'들을 색출하는 작업이 우리 모두를 잠재적 말썽꾸러기 취급하는 일이며 내 가방이 열리는 순간 나의 인권도 침해받는다는 생각은 꿈에도 하지 못했다.

어째서 부당하다고 느끼지 않는가

그런데 어느 날 한 교실에서 난리가 났다. 조회를 마치고 교실에 들어가 보니 아이들 가방이 거꾸로 다 쏟아져 있었던 것이었다. 생리대고 뭐고 소지품이 널브러져 있는 책상을 보고 비로소 아이들이 분개했다. 자기네 교실을 뒤진 선생이 누군지 알아내고는 더욱 경악했다. 철학적인 언사로 아이들에게 세상의 부당함을 설파했던, 조금은 우울하고 아름다웠던 스물일곱 살 총각 선생님이 한 '짓'이었다.

사랑과 존경을 한 몸에 받는 선생님이었던 만큼 아이들의 배신감도 컸던지라 아이들은 분노를 모아 그 선생님에게 달려갔다. 따지는 아이들을 향해 그는 이렇게 말했다고 한다. "난 너희들을 분노하게 하고 싶었다. 어찌 그리 매번 가방 뒤짐을 당하면서 단 한 명도 이것이 부당하다고 느끼지 않았단 말인가. 왜 아무도 화내지 않는가."
물론 교무실에서 부단히, 학교가 학생들에게 이런 짓을 해서는 안 된다고 싸워 왔던 전사前史가 있었고 말이다.

'학생들은 미숙하기 때문에 학교에 오고, 그것이 학교의 존재 이유'라고 누가 말했던가. 이 시대의 학교는 단지 아이들의 미숙함을 채워 주는 곳만도 아니지만 어떠한 경우에라도 학생들을 잠재적 범죄자 취급을 해서는 안 된다. 아이들의 성숙을 이끄는 일을 교도소에서 일어나는 교화와 같은 맥락으로 생각해서는 안 된다는 뜻이다.

물론 그렇다고 해도 도벽이 있는 아이를 어떻게 잘 지도할 것인가는 교사들에게 여전히 어려운 과제로 남아 있지만 말이다. (2015)

02

너 깍두기 할래?

중학교 1학년 자유학년제 진로탐색 수업에서 '모둠에 기여하는 공기놀이'와 '아무도 상처받지 않는 비행기 날리기 놀이'를 해 보았다. 공감과 배려, 협업, 문제해결 능력 등을 기르는 활동이다. 대개 비행기 날리기 게임은 가장 멀리 날리는 순서대로 1, 2, 3등 상을 주곤 한다. 하지만 나의 수업에서는 '누구도 지지 않고 누구도 패배감을 느끼지 않는 세상'에 대한 이야기를 하고 싶었다.

공정이라는 착각

종이비행기를 접기 전에 먼저 '윈윈 게임'의 개념과 의미를 설명했다. 아이들은 잘 받아들이지 못했다. 현실 속에서는

같이 나는 법

승패가 냉혹하기에 모두 승자가 되는 '윈윈'이란 개념은 존재하기 어렵다고 주장한다. "약자를 조금 배려하여 모두가 게임을 즐기면 좋지 않을까요?"(그건 공정하지 않다고 한다) "여러분이 약자가 될 수도 있잖아요?"(그래도 할 수 없다고 한다) "그러니까 여러분은 비록 여러분 자신이 패자가 될지라도 공정한 승패를 원한다는 건가요?"(많은 학생들이 크게 고개를 끄덕인다)

"자, 그럼 한번 손을 들어 봅시다. 세상은 냉혹한 경쟁사회다, 인정!"(두 명을 뺀 스물한 명의 학생이 손을 든다) "내가 패자가 되어도 좋으니 공정한 규칙이 있는 경쟁이라면 기꺼이 참여할 것이다?"(세 명을 빼고 모두 손을 든다) "그러니까 여러분이 두려워하는 것은 패자가 되는 것보다 게임의 규칙이 불공정한 것이다?"(대부분 고개를 끄덕인다) "…그럼 어쩔 수 없이 능력을 타고나지 못했거나 좋은 환경을 타고나지 못한 사람들은 어쩌죠?"(반박하는 이는 없지만 고집스러운 침묵이 교실을 감싼다)

칠판으로 돌아와 몸이 허약한 동료를 수면으로 들어 올려 살리는 돌고래, 병약해 사냥을 하지 못하고 굶어 죽어가는 동료에게 먹이를 나누어 주는 황금박쥐, 허들링으로 영하 50℃의 맹추위에 다 함께 살아남으려 애쓰는 황제펭귄들의 이야기를 들려주었다. 우리 인류 역시 동료 인간과 많은 대화를 나누고 약자를 배려하며 협동하면서 지내 왔기에 아직까지 살아남을 수 있었다는 이야기도 덧붙인다. 그리고 우리 어린 시절의 놀이 문화에 대해서도 들려주었다.

"여러분 고무줄놀이 알죠? 만약 어떤 아이가 다리가 좀 불편해서 그 놀이를 하고 싶어도 할 수 없어요. 그럼 어떻게 하죠?"(냉정한 표정을 지으며 "다른 놀이를 해요"라고 말한다)

"그 아이와 함께하는 방법은 없을까요?(고개를 도리도리 흔든다)

"사실은 선생님이, 고무줄놀이를 무지 못하는 어린이였어요. 그런데 친구들이 '깍두기'를 시켜 줬어요."(몇몇이 "깍두기가 뭐예요?" 하고 묻는다)

"양쪽 팀에 다 끼워 주는 거죠. 그 친구가 점수를 깎아 먹어도, 팀에 해를 끼쳐도 공평하니까. 어때요?"(꽤 많은 아이가 고개를 끄덕이고 한 아이가 큰 소리로 "그거 괜찮네요!"라고 말해 준다)

공정을 무너뜨리지 않고도 모두 승리하는 윈윈 게임

"깍두기는 못하는 친구만이 아니라 너무 월등하게 게임을 잘하는 친구가 되기도 했어요."(그제야 진정 어린 감탄의 "오~!")

"여러분이 그토록 소중하게 생각하는 공정, 그거 무너뜨리지 않고도 모두가 승리하는, 아무도 슬프지 않은 그런 윈윈 게임이 충분히 가능하다고 선생님은 생각한답니다. 우리도 운동장에 나가 모두가 즐길 수 있는 게임 규칙을 멋지게 만들어 봅시다."(공정이고 나발이고 운동장에 나간다니 신난다고 모두들 "꺄~!")

초여름 풀냄새를 맡으며 아이들은 비행기를 날린다. 그 모습은 공정한 패배를 수긍하는, 어리지만 냉엄한 교실의 그들과 달라 보였다. 물론 아이들이 찾아낸 규칙이라고 해 봐야 '날리기만 하면 상품을 준다' '모두가 모두와 팀이 되어 날린다' 정도였고, 심지어 어떤 아이는 '웃어 준다'고 써서 그야말로 나를 웃게 했을 뿐이지만 말이다. 이 경쟁의 세상에서 '게임은 공정했으나 내가 못나서 패배했노라' 인정하고 등을 돌리기에 열네 살은 너무 어린 나이 아닌가? 깔깔대며 운동장을 뛰고 있지만 나의 소년들이 결코 행복해 보이지만은 않았다. 그날 햇살은 짙고, 그늘도 너무 짙었다. (2021)

03

학생 인권을
가르쳐야 교권도 산다

오래 전 어떤 교육부 장관 후보자는 어느 언론 매체가 학생인권조례에 대한 생각을 묻자 이렇게 말했다고 한다. "지금 학교 현장에서는 넘칠 정도로 학생 인권이 보장되고 있다." 이렇게 생각하는 사람들은 대개 학생 인권이 너무나 존중받다 못해 교권 침해가 일어난다고 생각한다. 작금의 교권 붕괴 현상의 원인을 학생 인권 신장을 주장하는 전교조나 진보 교육감 탓으로 돌리기도 한다.

이는 '인권'의 개념을 '개인의 이익'과 혼동한 잘못된 생각이다. 인권은 사람들 하나하나가 갖고 있는 인간으로서의 존엄성을 뜻하는 것이지 사사로운 이익을 묻는 개념이 아니다. 인권은 상호 존중해야 할 개념이지 누군가와 싸워서 더 얻어

올 그런 개념이 아닌 것이다.

인권은 제로섬zero-sum이 아니다

내가 있는 상담실에 어느 날 한 기간제 선생님이 아이들 일고여덟 명을 데리고 왔다. 아이들에게 수업 시간에 떠든 일로 반성문을 쓰게 할 참인지 선생님이 종이를 마련하려 옆 교무실로 간 사이, 아이들은 큰 소리로 자기들끼리 떠들고 장난을 친다. 잠시 후 돌아온 선생님이 무엇을 잘못했는지를 지적하니 '나는 안 떠들었다' '더 떠든 아이도 있으니 그 아이를 데려오겠다' '왜 우리만 야단치느냐' 하며 여러 아이가 투정을 부리기도 하고 큰 소리로 대들기도 했다. 심지어 어떤 녀석은 선생님이 말하고 있는 도중에 벌떡 일어나 상담실을 나가려고까지 했다.

나는 그 아이들을 다음 시간에 따로 불러 야단쳤다. "선생님이 너희를 부르셨던 것은 뭔가 수업 태도에 문제가 있다고 보셨기 때문일 것이다. 너희 이야기를 들어 보고 대책을 함께 의논하고자 하려는 것이다. 선생님이 너희를 부당하게 윽박지른 것도, 매를 든 것도 아니지 않냐. 그런데 너희의 태도는 어떠했나. 무례하게 소리를 지르지 않나, 따지지를 않나……. 수업 태도가 좋았는데도 여기 불려온 사람이 있나?

만약 부당하게 불려 왔다고 생각된다면 선생님과 대화를 나눌 일이지 큰소리로 선생님에게 따지고 대드는 태도는 무엇인가?"

학교 규정에 있는 교권 침해 관련 징계 규정을 알려 주며 부디 선생님을 존중하는 모습을 보여 달라고 당부하자 아이들은 비로소 고개를 숙이고 죄송하다고 한다.

남자 중학생들이 심한 장난을 치거나 나쁜 짓 하는 것을 수도 없이 보아 왔고 어른에게 무례하게 구는 모습도 한두 번 본 것이 아니지만 그날 내가 화가 많이 난 이유는 따로 있었다. 어린 아이들이 '기간제 교사'라는 약점을 이용해 함부로 행동하는 모습이 무척 비겁해 보였기 때문이다. 학교에는 기간제 교사, 시간강사, 사서 교사, 다양한 교과 보조교사와 방과 후 수업 강사 등이 있다. 아이들은 묘하게도 그런 선생님의 '불편한 지위'를 알아채고 함부로 굴기 일쑤다. 행정실 직원이나 배움터 지킴이, 청소하시는 분은 말할 것도 없고 정교사라 할지라도 나이가 적은 여선생님 등에게는 함부로 행동하는 경우가 있다.

학교에 '인권 교실'이 생기면 어떨까

아이들이 저렇게 함부로 행동할 때면 어떤 어른들은 '지금 아이들에게는 학생 인권이 차고 넘친다'고 말하고 싶을 것이다. 아니다. 사실 그 아이들은 인권이 무엇인지 모르기 때문에 그런 행동을 하는 것이다. 집에서 부모도 가르치지 않고 학교에서 어떤 선생도 인권이 무엇인지 가르치지 않는다면 아이들이 남의 인권을 존중해야 한다는 것을 어찌 알겠는가.

학교에 '인권 교실'이 있으면 좋겠다. 교권을 침해한 아이는 물론이고 친구의 인권을 모독한 아이들도 이곳에 와서 '벌'이 아니라 '인권 교육'을 받을 수 있게. 여기서 다양한 인권 강좌와 토론이 수시로 열리면 좋겠다. 여기에서 '학생 인권을 신장하기 위해 너희들 스스로 적극적으로 권리를 찾아가라'는 말과 더불어 상대방을 존중할 때에 비로소 나의 인권도 존중받을 수 있다는 사실을 알려 주면 좋겠다.

학생 인권과 교권은 대척점에서 서로의 권리를 갉아먹고 침탈하는 관계가 절대로 아니다. 학생 인권을 억눌러 교사의 권한을 높이려 들 일이 아니라 아이들에게 제대로 된 인권 교육을 해서 교사와 학생이 서로를 존중하게 만들어야 비로소 교권도 존중받게 될 것이다. (2014)

04

폭력의 대물림을 끊는 방법

육군 의장대 · 카투사 · 공군 · 해군 · 공병대 · 포병 · 기무사 · 보병 · 통신병 · 취사병 · 의무반 · 전경 · 의경…… . 아들과 제자들을 통해 경험해 본 군부대들이다. 열다섯, 열여섯 살이던 소년들이 앳된 얼굴로 중학교를 졸업하고 4~5년이 지난 후 군 입대를 앞두거나 첫 휴가를 맞아 찾아오는 일이 종종 있다.

벌써 30년 된 일이긴 하지만 공병대에 가서 열심히, 그야말로 '삽질'을 하다가 쉬는 시간 한 장의 엽서를 적어 보낸 제자가 있었다. 역사학과 학생이라서 맨날 유적지를 발굴하느라 삽질을 했는데 부대도 공병대에 오게 됐다고 농담을 했지만, 그 고단함이 엽서에 묻어나 마음이 짠했다. 전경에 차출되었던 제자 하나는 마침 그가 복무할 때가 부안 핵폐기장 반대 투쟁이 맹렬하던 해였는데, 주민들과 대치할 때 제일 무서웠던 게 '새우젓 폭탄'이었다는 이야기를 들려주기도 했다. 그는 웃으면서 이야기했지만 결코 웃을 수만은 없는 풍경들이었다.

전방 부대에 배치받고 첫 휴가를 나왔다가 휴가 마지막 날 귀대하기 직전 학교에 들른 제자가 있었다. 전방 생활에서 가장 힘든 건 그곳이 너무 춥다는 점이라고 했다. 그 외에는 견딜 만하다던 그 아이가 귀대하자마자 연평도 포격 사건이 터졌다. 녀석 걱정을 하는 내게 또 다른 제자는 '외출금지 지령 내리기 직전에 휴가 나온 녀석이 오히려 행운아'라며 걱정 말라고 했지만, 나는 귀대한 아들 걱정에 잠을 이루지 못하셨을 그의 어머니 마음이 짚여 하루 종일 우울했다. 길 가다 휴가 나온 군인을 보면 요즈음 군에 가 있는 제자들 생각이 나고 뉴스에서 군부대 관련 사고 소식이 들리면 가슴이 철렁 내려앉는다. 윤 일병, 임 병장 사건이 남의 일 같지 않아 얼굴도 모르는 그들을 생각하며 눈물을 흘리기도 했다. 우리는 모두 전생에 무슨 죄를 지어서 이렇게 젊은 청년들을 볼모로 마음을 졸이고 살아야 하나 싶다.

제자의 그 대답이 참으로 고마웠다

"괴롭히는 선임은 없느냐, 요즘 군대는 매는 안 맞지?" 하는 나의 질문에 솔직하게 '몹시도 갈구던' 선임 이야기를 하던 제자가 있었다. 온순했던 아이인데 그 선임 이야기를 할 때만은 언성을 높이며 울분 어린 목소리로 '참 이상한 사람'이라고 했다. 말년에 휴가 나왔을 때에는 "제가 당한 거 어딘가 풀고 싶은 마음이 저도 모르게 듭니다. 그 XX는 전역했지만 제가 받은 상처는 어디다 풀어야 할지…… 그래서 다들 후임들이 들어오면 똑같이 괴롭히고 갈구나 봅니다."

그래서 '너는 후임들에게 어찌했는가' 물었다. "저도 똑같이 해 주고 싶었어요. 정말로. 그렇게라도 제가 받은 스트레스를 풀고 싶더라고요…… 하지만 제가 애들한테 그러면 그 애들도 똑같이 원한을 품고 뒤에 오는 애들한테 그러겠지요? 저는 운이 없어 미친놈 만났다 생각하고요, 미친놈한테 당하는 건 저희에서 끝내야지요."

군에서 일어나는 일들은 결코 개인 인성만의 문제가 아니다. 군에 가지 않았으면 받지 않았을 상처, 군에 가지 않았으면 죽지 않았을 아이들, 군에 가지 않았으면 자기 영혼을 파괴시켜 가며 남을 죽이고 때리고 밟지 않았을 청년들이 대다수다. 그러므로 그런 비극을 막을 시스템이 필요함은 더 말할 나위가 없다. 그렇다고 해서 '군대란 원래 그런 조직'이라면서 규율과 질서 밑에 인간성을 깔아 놓아서도 안 된다. 구조가 고쳐지고 달라지기 전까지, 자기가 물려받은 원한의 무게를 '여기서 대물림은 없다'며 과감히 끊어 버린 나의 제자가 참으로 고맙다.

아주 무서운 말이 있다. '맞고 큰 아이가 자라서 때리는 부모가 된다'는 말. 배운 게 폭력밖에 없었다는 것이 개인의 비극일 수는 있다. 그렇다고 그걸 핑계 삼아 '나도 맞고 자랐기 때문에 내 아이를 때렸다' '나도 선임들에게 맞았으니 후임들을 그렇게 대할 수밖에 없다'고 말해서는 안 된다. 폭력이 대물림되지 않으려면 강제로 폭력을 막는 방법과 자기 대에서 스스로 폭력을 멈추는 방법밖에는 없다. 그 가장 용감한 첫 번째 선언은 바로 내가 해야 한다. '나는 맞고 컸지만, 나는 너희를 때리지 않을 것이다. 더 이상 폭력의 대물림은 없다. 여기서 끝이다'라는 선언. 군대에서도, 학교에서도, 가정에서도 마찬가지다. (2016)

05

작지만 당당한
너희들의 자존감을 위하여

백창우, 김용택, 정호승, 도종환, 안도현… 이런 시인들이 만든 '나팔꽃'이라는 시 노래 모임이 있었다. 그들이 수줍게 내건 구호는 '작게 낮게 느리게'였다. 오, 이건 내 얘긴데?

이른 아침에 활짝 핀 파란 나팔꽃은 가까이서 보면 정말 귀엽지만 사실은 너무 작아서 멀리서 보면 별로 예쁜 줄 모른다. 해를 보고 핀다지만 사람들을 향해서는 그 동그란 얼굴을 잘 보여 주지도 않는다. 타고 오를 기둥이 없으면 땅을 맴돌거나 자기들끼리 감고 오르기도 해서 초라해 보이기까지 한다. 그런데 나는 저, 꽃이랄 것도 없고 풀이라기도 이상한 애들이 좋았다. 그런 느낌 나만 가진 게 아니었나 보다. 대한 민국의 아름다운 시인들도 나팔꽃을 사랑했다. 이유가 더 재미있다. 작고, 낮고, 게다가 느린 애들이라서란다. 이것은 저들의 시 세계이기도 했겠지만 또한 내 삶의 지향이기도 하다. 하찮아 보이나 남에게 해를 끼치지 않는, 낮은 곳에서 곰실곰실 살아가지만 그 어떤 드높은 것들을 괘념치 않는, 작지만 당당한 태도로 살고 싶은.

나팔꽃처럼 '작게 낮게 느리게'

열등감이 심한 사춘기를 지나왔다. 자신에 대한 기대치는 지나치게 높고 현실에서는 벽을 느낄 때 열등감을 느끼다가도 조그만 성취 앞에서는 알량한 우월감에 빠지는 것은 사춘기의 보편적인 현상이지 나만 그런 것은 아니었을 것이다. 하지만 그때는 그런 말을 해 주는 사람이 없어서 나만 그런 줄 알았다. 심지어 열등감을 심하게 느낀다는 사실에 대해 또 열등감을 느껴야 했다. 지금 생각해 보니 그것은 나만의 자존감을 채워 나가기 위한 혼란의 몸부림이기도 했던 것 같다.

인생이란 게 대개 인간을 굴리면서 단련시키지 않는가. 아이들 대부분은 이리 치이고 저리 차이며 자기가 별 볼 일 없는 녀석이라 생각하면서 큰다. 그 과정을 잘 딛고 일어서 자신을 진심으로 믿어 주는 사람을 만나 안정적인 자존감을 구축하게 되면 인생사에 시달려도 금방 일어날 수 있게 된다. 심지어 시련을 자양분 삼아 더 단단한 사람이 되기도 한다.

그래서 사춘기 아이들, 특히 몸과 마음의 불균형, 마음과 행동의 불균형 속에서 나는 누구인지, 이게 나이긴 한 건지, 어째서 이러고 살고 있는 건지 스스로에게 매일 놀라고 환멸을 느끼는 아이들에게 자존감을 단단히 지닐 수 있게 도와주는 일은 너무나 중요하다. 이맘때 아이들은 스스로의 부조화만이 아니라 부모로부터도 부조화의 충격과 상처를 많이 입는다. 사춘기 아이를 둔 부모는 마음 깊이 자기 아이를 사랑하면서도 그들에게 하루에도 열두 번 격렬한 증오(?)를 느낀다. 부모의 감춘 듯 못 감추는 내적 갈등을 아이들이 모를까? 머리로야 부모가 자신을 사랑한다고 생각하겠지만 '뭐지, 이 온몸을 스멀스멀 감싸는 환멸의 느낌은? 누군가 나를 못마땅하게 여기는 듯한 느낌적인 느낌은? 내가 어지럽힌 집구석에 먼지몬처럼 굴러다니는 검푸른 어둠의 아우라는?' 하고 그들은 부모들의 삐거덕거리는 감정을 '감지'한다.

가장 사랑하는 이들로부터 느껴지는 암묵적인 환멸은 그들을 혼란스럽게 한다. 아이들 자신도 마찬가지다. 불과 얼마 전까지 그토록 좋아했던 부모들이 귀찮고 짜증스럽게 여겨지니 이런 이중적 감정이 스스로도 이상하지 않을 리 없다. 그러니 존재에 회의를 느낄 수밖에. 아, 뭐냐, 좋은데 싫은 이 기분이라니……. 그래, 얘들아, 인간은 부조리한 존재란다. 인간 존재의 불합리성이 극대화된 시기가 사춘기란다. 실존주의가 괜히 나온 게 아니다, 너?…….

애들은 그렇다 치고, 적어도 사춘기를 관통해 어른이 되는 데 성공한 우리들이 애들을 이해해야지 어찌하겠나. 어른들은 자기가 아이였다는 거, 자기도 몹시 불안하고 치졸한 영혼이었다는 걸 너무 쉽게 잊어버린다. 고작 몇십 년 전 일이었는데 말이다.

모여서 더욱 아름다운 꽃들처럼

강원도에 근무할 때 수업이 비는 시간이면 학교 운동장 옆물도랑을 들여다보기도 하고 엉겅퀴 같은 것을 꺾어 오기도 했다. 서울에 와서도 학교가 낯설고 힘들 땐 머리카락을 커튼처럼 내리고 화단에 핀 풀꽃들을 들여다보면서 시간을 보내곤 했다. 그렇게 어느 날 개망초 세 줄기를 꺾어 들고 오는데 어떤 선생님이(한참 전에 퇴직하셨다) "안 선생, 왜 잡초를 뜯어 와?" 하신다. "꽃이에요, 선생님." 그러니까 "에이, 그건 잡초야, 버려." 그러신다.

개망초는 너저분하고 꽃 얼굴도 너무 작고 벌레도 많이 끼는 잡초 맞다. 하지만 나는 그 얼굴들을 하나하나 들여다보다가, 다 똑같이 생긴 것 같은데 절대 다 똑같지 않다는 것을 발견했다. 새초롬한 아이, 몹시 당당한 아이, 이제 지쳐서 세상 다 산 얼굴을 하고 있는 꽃, 뭔가 삐친 녀석, 자기 혼자 바람을 즐기는 녀석, 별놈들이 다 있었다. 내가 책상에 꽂아 두려고 한 가지를 낚아채자 절지화가 되어 인간의 책상에서 시드느니 차라리 죽고 말겠노라고, 결기 있게 스스로 모가지를 꺾어 버리는 어떤 녀석 앞에서는 숙연해지기도 했다.

아, 미, 미안……

야아 — 햇빛 좀 —

풀숲에는 개망초만 있는 게 아니다. 아주 키가 작은 별꽃들도, 냉이도, 민들레도, 제비꽃도, 꽃다지도, 고들빼기도 있다. 새끼손톱만 한 참마리꽃은 그토록 작아도 너무나 당당하다. 냉이꽃은 꽃도 우아한데 잎도 참 예쁘다. 인간의 눈엔 그중 향기롭고 예뻐 보이는 게 제비꽃이지만 그도 자기가 꽃다지보다 잘났다고 뽐내는 것 같지는 않다. 그러니까 그들은 키가 작은 애들이나 비쩍 마른 아이들이나 아무도, 아무도 열등감 따위를 느끼지 않는다. 각자 자신의 삶을 산다. 바람을 맞든지 열매 맺을 준비를 하든지, 우주의 한구석을 채우는 존재의 사명을 다하고 있다. 나는 거기서 내 아이들의 모습을 보았다.

아이들이 수십, 수백 명 모여 있으면 다 비슷비슷해 보인다. 우리 교사들은 혹시 '애들'을 그렇게 뭉뚱그려 보는 건 아닐까? 저마다의 얼굴은 다 다르고 저마다의 빛남은 크기와 상관없이, 키나 성적과 상관없이 그야말로 저마다 빛나건만, 그리하여 교실에 수십 명이 앉아 있으되 각자의 아름다움으로 그렇게 자라고 있건만, '모여서 더욱 아름다운 꽃들처럼' 자라고 있건만, 어떤 아이는 작다고, 시끄럽다고, 공부를 못한다고, 지저분하다고 하찮게 여기고 줄 세우는 이들이 있다. 그런 어른들의 말과 마음을 감지하고 자란 아이들의 자존감은 낮아질 수밖에 없다, 흔들릴 수밖에 없다. 그러니까 우리는 더더욱 너희들 모두는 모두 각각의 귀함을 지녔다고, 힘을 '꾹꾹' 주어 말해 줘야 한다. (2021)